삶으로 내리는 말씀의 뿌리 01

복음의 회복과 세상 속의 교회

삶으로 내리는 말씀의 뿌리 01
복음의 회복과 세상 속의 교회
채영삼 지음

초판 1쇄 인쇄	2021년 10월 11일
초판 1쇄 발행	2021년 10월 15일
발행처	도서출판 이레서원
발행인	문영이
출판신고	2005년 9월 13일 제2015-000099호
기획, 마케팅	김정태
편집	송혜숙, 오수현
총무	곽현자

경기도 고양시 일산동구 백석로71번길 46, 1층 1호
Tel. 02)402-3238, 406-3273 / Fax. 02)401-3387
E-mail: jireh@changjisa.com
Facebook: facebook.com/jirehpub

책값은 표지에 있습니다.

ISBN 978-89-7435-581-4 (04230) (세트)
ISBN 978-89-7435-582-1 (04230)

신저작권법에 의해 한국 내에서 보호받는 저작물이므로 저작권자의 서면 허락 없이 이 책의 어떠한 부분이라도 전자적인 혹은 기계적인 형태나 방법을 포함해서 그 어떤 형태로든 무단 전재하거나 무단 복제하는 것을 금합니다.

삶으로 내리는 말씀의 뿌리
01

복음의 회복과
세상 속의 교회

채영삼 지음

이레서원

목차

머리말 7

제1장 무엇을 믿을 것인가? 복음의 회복 11

- **온전한 복음을 회복하라 14**

  언제나, 어디서나 예수께로 나아오라 | 예수 믿고 받는 최고의 복 | '잘되는 나'의 축소되고 왜곡된 복음 | 수련회 신학 | 마음에 심긴 말씀, 그 놀라운 구원 | 더럽지 않고, 썩지 않고, 허무하지 않은 땅 | '살아 있는 소망' 위에 신앙과 삶을 세우라

- **나는 참포도나무이니 35**

  그리스도를 주는 설교 | 나와 그것, 나와 너, 하나님과 나 | 그저, 그분의 품에 안기라 | 주께서 예비하신 행복 | 절망이 불가능한 은혜 | 값싼 은혜, 가짜 은혜, 그리고 '참된' 은혜

- **열매로 그 나무를 알리라 51**

  '의', 선물에서 샬롬까지 | 그리스도인이라는 확증 | 두 종류의 행함, 두 종류의 믿음 | 반석 없는 교회? 지붕 없는 교회? | 거듭난 심령의 회복된 양심 | 확인 | 우리의 '칭의' 신앙

제2장 어떻게 살 것인가? 세상 앞에 선 교회 71

- **세상을 지나가는 '제사장 공동체' 74**

  바다로 나간 교회 | 교회여, 두 마음을 버리라! | 하나님의 이름 – 우리 시대의 사명 | 선한 행실, 왜 필요한가? | 바른 성경 해석에 뿌리내린, 신적 성품의 교회 | 예배당 건축을 '성전 건축'이라 부르지 말라 | 기름 부음받은 주의 종 | 세상 앞에 겸손한 그리스도인 | 이방인 중에서 | 질문

- 우리는 우리를 전파하는 것이 아니라 98

선거철과 깨끗하지 못한 설교 | 우리는 우리를 전파하는 것이 아니라 | 다 하려 들지 말라 | 교회 사유화와 엉터리 구약 사용 | 천국에서 받는 상급이란? | 성경 문맥을 떠난 설교 | 사이비 성령 충만

- 세상과 소통하는 교회, 세상을 회복하는 교회 115

'세상에서' 이기는 것과 '세상을' 이기는 것 | '예수천당 불신지옥' 싫어, 스님에게 물었던 청년 | 교회가 세상에 관여하는 방식 | 칼뱅의 낯선 하나님 | 예수님은 보수? 진보? | '다양성'과 '다원성' | 세상에 '감동'을 주는 교회 | 악화되는 지구 환경, '노아의 언약', 그리고 '새 하늘과 새 땅'의 복음

- 우리의 약함을 통해 일하시는 하나님의 강하심 147

약자들이 행복한 공동체 | 사람을 세우고 있는가! | 약함의 사역자 | 상처받은 치유자들아 | 사명과 사랑 | 대표 기도 | 신학생 | 찬양 인도자에게 | 스승

- 예수 믿고 무엇이 바뀌었는가? 164

예수 믿고 무엇이 바뀌었는가? | 자랑이 바뀐 사람 | '스카이 캐슬'과 교육, 교회, 하나님 나라 | 시선 | 칭의의 복음과 가짜 뉴스 | 무엇을 듣는가에 주의하라 | 지킬 만한 것 | 그리스도인의 표지 | 신앙과 세대 간의 화합 | 연합

부록 189

제목 색인 | 성구 색인

머리말

"말씀의 뿌리를 내려야 할 때"

온 세상을 휩쓰는 전염병의 짙은 그늘 아래서 우리의 미래는 더 어두워 보인다. 교회는 더 이상 이전처럼 성장하거나 활력 있어 보이지 않는다. 앞으로 나아가고 싶어도 그렇게 되지 않는다. 사방이 막힌 것만 같다. 하지만 앞으로 나아가는 길이 막혔다면 그리고 뒤로 물러설 수도 없다면, 그때는 위를 바라보아야 한다. 그리고 더 깊이 내려가야 한다. 지금은 그렇게 할 수밖에 없고, 또 그래야 할 때이다.

지금은 낮게 엎드려, 위를 바라보며 하나님의 얼굴을 찾아야 한다. 메마른 땅을 종일 걸어가도 피곤하지 않게 할 생수의 근원을 깊이 파야 한다. 조급한 마음을 내려놓고 멈추어 서야 한다. 멈추어 서도록 하나님께서 막으셨기 때문이다. 우리가 선 자리에서 하나님을 바라보아야 한다. 우리의 구원이시요, 도움이시요, 방패요 산성이신 우리 하나님으로부터 오는 말씀을 기다려야 한다.

그리고 우리를 위하여 주신 말씀을 붙들어야 한다. 마음 깊이 끌어안고, 종일 생각하고 묵상하며, 그 말씀의 칼이 우리의 폐부를 찌르며, 그 말씀이 우리의 모든 병든 세포들을 치유하고 살려 낼 때까지, 그 말씀을 품고 또 품어야 한다.

그 말씀으로 우리가 걸어 왔던 길을 돌이켜 보아야 한다. 왜곡되고 축소된 복음을 회복해야 한다. 교회란 무엇인지, 세상 속에서 그리스도인은 어떻게 살아야 하는지를 꼼꼼히 돌아보고 바로잡아야만 한다. 잘못된 길에서 돌이켜야 한다. 말씀의 길로 돌아와야만 한다. 그래야 장차 교회 앞에 새로운 계절, 다시 꽃피고 열매 맺는 그런 날들을 꿈꿀 수 있다.

더 이상 앞으로 나아갈 수 없을 때, 우리는 위로부터 주시는 말씀을 받아야 한다. 그리고 그 말씀의 뿌리를 우리의 심령과 삶 속으로 더 깊이, 깊이 내려야만 한다. 그것이 장차 더 높이 자랄 수 있는 길이다. 그것이 미래에 푸르고 풍성한 가지들을 더 넓은 땅으로 펼칠 수 있을 기회를 얻는 길이다. 이 땅의 교회는 지금보다 훨씬 더 깊어지고, 훨씬 더 넓어져야 한다. 지금이 가장 좋은 때이다. 말씀을 우리의 삶에 찬찬히 뿌리내리게 할, 가장 좋은 때이다.

이 책은 이 시대 교회의 다양한 고민들을 끌어안고, 그것을 말씀의 풀무 속에 넣어 고민하고 묵상해서 나온 결과물이다. 독자들은 이 묵상의 오솔길을 따라 걸으며, 이 시대에 하나님의 말씀을 어떻게 읽고 행해야 할지 함께 고민해 볼 수 있을 것이다. 설교자들이라면, 말씀과 묵상이 이 시대의 청중에게 어떻게 연결될 수 있을지에 대해 도움을 얻을 수도 있을 것이다.

원래 이 책은 <삶으로 내리는 뿌리>의 개정증보판으로 기획되었는데, 생각보다 훨씬 더 새로운 책이 되었다. 기존의 <신약의 이해> 시리즈에 수록된 '삶으로 내리는 뿌리' 글들은 여기저기 다듬거나, 혹은 대폭 수정하고 보완하여 실었다. 발표되지 않은 새로운 묵상들도 많이 포함되었는데, 이 시대의 교회의 상황에 관한 글이나, 점점 악화되고 있는 지구 환경 문제 같은 주제들도 놓치지 않으려 애썼다.

바라건대 이 묵상집이, 새 하늘과 새 땅의 소망을 품고 이 세상을 헤쳐 나가는 믿음의 형제자매들에게, 따뜻한 위로와 의미 있는 도전이 될 수 있기를 소원한다. 어려운 시절을 함께 지나가면서, 사랑하는 교회가 주의 말씀을 따라 빚어져 가며, 그 생명으로 가득 채워지고, 결국 그 말씀의 영광으로 빛나게 되기를 소망한다. 그래서 열방이 우리를 통해 복을 얻고, 하나님의 이름이 온 세상에 높여지기만을, 간절히 기도한다.

2021년 여름의 끝에서

채영삼

제 1 장

무엇을 믿을 것인가?
복음의 회복

모든 것은 복음에서 시작한다. 복음이 축소되고 왜곡되고 변질되면, 교회는 축소되고 왜곡되고 변질된다. 말씀이 교회를 창조하기 때문이다. 교회는 복음을 회복하고, 복음을 확신해야 한다. 교회에 대한 실망이 있지만, 사람들 속에 있는 복음에 대한 갈망은, 교회에 대한 실망보다 크다는 사실을 언제나 잊지 말아야 한다. 무엇보다, 복음에 합당한 열매를 맺는 신앙이 되어야만 한다.

내가 '오직 믿음으로' 그리스도라는 '참포도나무'에 접붙여져 있다는 '확신'은, 그 참포도나무에 붙어 있는 가지로서 포도 열매를 맺고 있을 때에, 확실한 '증거'가 생긴다. 우리는 구원을 '확신'해야 하지만, 동시에 그것을 '확증'할 책임도 있는 것이다. 이 둘은 서로 구분되지만 결단코 분리할 수 없다.

이제부터 하는 이야기가 이런 내용이다. 무엇보다 우리는 그리스도인으로서 '무엇을' 믿고 있는지를 돌아보아야 한다. 결단코 예수 그리스도의 복음을 축소하거나 왜곡하지 말아야 한다. 복음의 축소와 왜곡이 모든 문제의 발단이기 때문이다. 복음의 회복이 모든 것의 회복의 시작이기 때문이다. 그러므로 예수 그리스도를 더 깊고 온전하게 알아 가는 것만이, 우리의 삶과 교회, 그리고 세상을 회복하는 참된 시작이다.

온전한 복음을 회복하라

언제나, 어디서나 예수께로 나아오라

예수는 권세자이시다. 그분은 귀신들을 제압하신다. 그분은 자연도 제압하신다. 그분은 모든 악한 영들을 제압하신다. 그분은 권세자이다. 그분의 권세는 병도 제압하신다. 죄의 결과도 제압하시기 때문이다. 그뿐 아니다. 죽음도 그 앞에서는 꼼짝을 못 한다. 죽음도 자기가 사로잡은 자를 내줄 수밖에 없다. 예수는 놀라운 권세자이시다. 하나님 외에, 누가 이런 권세를 받았는가?

그런데 더 놀라운 것은 예수께서 이 비할 바 없는 권세를, 치유하시며 살리시며 긍휼을 베푸시며 용서하시고 회복하시는 일로 사용하신다는 점이다. 누구나, 어디서나, 그분에게 나아가기만 하면, 뜻밖의 은혜, 기대보다 더한 은혜, 바라던 것에 넘치는 은혜를 얻는다. 병을 고치러 나아갔다가 죄 사함을 얻는다. 치유받으러 나아갔다가 하나님을 만난다. 그분을 따라나섰다가 죽음을 이기시는 유일무이한 이분을 뵙는다.

예수께 나아오는 대가는 상상을 초월한다. 예수께 나아오라. 기대에 넘치는 은혜를 얻는다. 언제, 어디서든 예수께 나아오라. 그 어떤 좌절과 낙심의 순간에도, 그 어떤 절망의 끝에서라도, 예수께 나아오기만 하라. 과연 풍랑이 잔잔해지며, 혼미함과 어둠이 물러간다. 예수께 나아오기만 하라. 그대는 죽음도 굴복시키는 그분과 함께, 드디어 생명의 바다 위를 걷게 된다. 언제나, 어디서나 예수께로 나아오라.

"나니 두려워하지 말라"_ 마 14:27

예수 믿고 받는 최고의 복

예수 믿으면 복을 받는다. 하지만 이것이 복음은 아니다. 복음은 예수 믿어서 받는 복이 아니라, 예수님 자신이다. 예수님 자신이 복음이다. 예수 믿으면 복을 받는다. 그것은 당연한 일이다. 소위 '기복신앙'(祈福信仰)을 폄하하여 예수 믿고 복 받는 것을 우습게 생각하는 경우도 있지만, 그것은 가당치 않다. 사람은 하나님께 복을 받아야 산다.

만복의 근원이신 하나님을 떠난 비참과 온갖 가난 속에서 인간은 복을 갈구한다. 또한 하나님은 틀림없이 복을 주시는 분이시다. 하나님처럼 복 주기 좋아하시는 분이 없다. 우리 중에 누구도 하나님께 이렇게 아름다운 세상을 창조해 달라고 간구한 사람이 없다. 그런데도 태양은 오늘도 찬란하고, 매순간 마시는 공기는 여전히 거저 주어진다. 하나님은 생명을 주셨고, 항상 주기를 기뻐하신다. 오해 말라.

하지만 복음이란 예수 믿고 복을 받는 것이 아니라, 예수님 자신이다. 예수 믿고 받는 복들은 모두 이 세상에 갇혀 있다. 이 세상이 끝나면 그 복들도 끝난다. 그 복들이 하찮아서가 아니라, 그것이 복음다운 본질이 아니기 때문이다. 복음이라기에는 너무도 초라하다. 그것은 복음이 주고자 하는 가장 중요한 것이 아니다. 복음이 주고자 하는 가장 큰 선물은 성령 하나님이시다. 하나님 자신이시다. 예수님의 영, 곧 하나님의 영이시다. 그분이 계시면 이 세상이나 장차 오는 세상이나 모두 천국이다.

예수 믿고 건강의 복, 물질의 복, 자녀의 복을 받는 것을 복음이라고 말하면, 그런 복들을 받지 못한 신자들은 예수님을 잘못 믿은 것이 된다. 또한 그렇게 해서 받은 복들을 제쳐두고 하나님의 이름을 높여야 할 때, 그렇게 해서 받은 복들보다 예수님의 뜻을 더 좇아야 할 때, 그런 복들을 쉽게 놓지 못한다. 왜냐하면 예수 믿은 목적이 그런 복들이었기 때문이다. 그 목적이 사라진다면, 예수 믿는 것이 의미가 없어진다. 그래서 이런 신앙으로는 하나님의 영광을 구하며 하나님의 이름을 높일 수가 없다.

물론 예수 믿고 복 받자고 하는 신앙도 하나님의 영광을 구하자고 말한다. 하지만 그것은 언제나 부차적이고, 종종 복을 받기 위한 조건에 그친다. 정말 하나님의 이름을 더럽히지 않기 위하여 자신이 받은 복들을 놓아야 할 때, 그런 신앙은 좌초한다. 목적과 결과가 바뀌었기 때문이다.

교회의 사명은 이 세상을 얻는 것이 아니다. 교회의 사명은 교회가 되는 것이다. 그래서 예수 믿고 복 받는 것을 신앙의 기초로 놓으면 망한다. 가나안 땅에 들어갔던 이스라엘, 그 땅에서 은혜로 모든 것을 받고 누렸던 이스라엘이 그런 식으로 망했다. 오늘날의 식으로 말하면, 예수 믿고 복 받아 망한 것이다. 젖과 꿀이 흐르는 땅에 들어갔었던 이스라엘이 그렇게 패망했고, 역사 속의 수많은 교회들이 그 길을 따라갔다. 지금 우리가 또한 그 길에 서 있다.

이 땅에서 하나님의 소유로 남아, 하나님의 이름을 짊어지고 그 이름을 드러내야 한다. 그러면 복은 따라온다. 하지만 안 따라와도 그만이다. 영원한 나라를 유업으로 주신 종말의 복이 이미 차고도 넘치기 때문이다. 그래서 심령이 가난한 자가 복이 있고, 애통하는 자, 의에 주리고 목마른 자가 복이 있다. 온유한 자가 땅을 차지한다. 예수 믿고 복 받는 것을 신앙의 주된 내용으로 삼으면 그래서 망한다. 그렇게 가르치는 자도 망하고 그렇게 듣고 행하는 자도 함께 망한다. 예수님이 복이다. 그것이 복음이다. 이 복음을 주된 신앙의 내용으로 삼으면 산다. 영원히 산다. 예수님이 복이다.

"너희는 욕심을 내어도 얻지 못하여
살인하며 시기하여도 능히 취하지 못하므로"_ 약 4:2

'잘되는 나'의 축소되고 왜곡된 복음

TV에서 설교가 나온다. '잘되는 나'의 복음이다. 내가 잘되는 것이 무엇이 나쁘랴만, 말씀을 저렇게 풀어 나가는 게 신기할 정도이다. 아니, 가슴이 아프다. 중요한 것은 다 들어 있다. 성령, 말씀, 보혈, 천국, 선교, 회개, 축복. 하지만 그 중심은 역시 '잘되는 나'이다. 믿으면 '잘된다.' 그것이 문제가 아니다. 이 '잘되는 나' 복음의 핵심은 '나'이다. 이것이 문제이다.

'나'를 중심으로 모든 것이 다시 해석된다. 말씀은 성령과 함께 역사한다. 그래서 말씀을 반복하면 성령이 이루신다. 이와 비슷하게, '자신의 꿈을 확신하고 말로 반복하면' 거기에 성령이 역사하여 이루신단다. 그래서 나의 세계를 이루려면 긍정적인 생각을 반복하고 그 꿈과 긍정적인 생각을 중심으로 기도해야 한단다. 그러면 말씀이 성령과 함께 역사하는 것처럼, '나의 세계'가 이루어진다. 역시 '나'를 중심으로 모든 것을 바꾸었다.

말씀과 성령이 역사한 결과로 바뀌어야 하는 것은 '나'이다. 말씀과 성령의 원리를 따라 '내'가 내 생각을 기도로 밀어붙이면 나의 세계가 이루어지는 것이 아니다. 말씀도 나를 바꾸는 것이 목적이고, 성령도 나를 바꾸는 것이 목적이다. 하지만 '잘되는 나'의 복음은 나의 꿈, 곧 나를 '이루는' 것이 목적이다. 중심이 '나'이다. 내가 이 모든 것을 이용해서 '잘되는 나'의 세계를 이룰 수 있다는 것이다.

복음의 핵심은 '잘되는 나'가 아니다. 복음의 중심은 '나'가 아니라 '예수 그리스도'이다. 그분이 채찍에 맞아서 내가 낫는 것보다 더 중요한 것은, 그분이 죽고 부활하신 사실에 있다. 그리스도께서 나에게 어떤 유익을 준 것보다 더 중요한 것은, 내가 그리스도와 함께 죽고 부활한 사실이다. 그리스도와 함께 죽었으니, 잘되고 안 되고를 떠난 것이다. 그리스도와 함께 부활하였으니, 그 이상 어떻게 더 잘되는가? 그래서 이 땅에서는 잘 안 되는 길도 가는 것이다.

복음의 중심은 내가 아니다. 예수 그리스도이다. 병 낫는 내가 아니라 그런 병도 고칠 수 있는 그분이다. 배불러진 내가 아니라 참생명이신 그분이다. 예수님을 믿어서 복을 받는 것이 아니라, 예수님이 복음이고 예수님 자신이 복이다. 예수님이 나에게 무엇을 주는 것이 아니다. 내가 예수님을 받고 예수님 안에 참여하는 것이다.

그 이상의 복은 없다. 나는 항상 그대로 있고, 그런 내가 세상을 그럭저럭 잘 살아가도록 예수님이 도와주시는 것이 아니다. 그분은 세상보다 크신 분이다. 영원한 생명이시다. 그 영원한 생명이신 예수님을 내가 받아, 그 영원한 생명으로 사는 것이다. 그분 안에서 그분처럼 변화되어 가는 것이다. 그래서 예수님과 함께 죽고 부활하고 승천하여 그분과 함께 다스리는 그 길을 가는 것이다. 그 이상 어떻게 잘될 수 있는가?

복음이란, 나의 길이 아니라 그분의 길을 가는 것이다. 내 인생을 살지만 사실은 그분이 사시는 것이다. 내가 꿈꾸고 내가 결정한 길을 복음이 도와주는 것이 아니다. 그 길의 끝은 '잘되는 나'가 아니다. 하나님이 나를 위하여 꿈꾸셨고 나를 위해 결정하신 길을 가는 것이고, 그 길의 끝은 '그리스도의 형상으로 빚어진 나'이다(롬 8:28-30). 그 길은 '잘되는 나'로도 이를 수 없는 길이다. 누가 '잘되는 나'인가? '그리스도의 형상으로 빚어진 나'이다.

따져 보면, '잘되는 나' 신학의 핵심 가치는 '생존'(survival)이다. 생존에 도움이 되지 않으면 복음이 되지 않을 것이다. 그러므로 더 잘 생존하게 하는 것이 세상에서는 '더 진짜 기쁜 소식'인 것이다. 하지만 복음의 핵심 가치는 '하나님의 영광'이다. 하나님의 영광을 위해 '잘될 수도, 안 될 수도' 있다.

예수 그리스도와 연합하여 그분의 길을 가는 것 자체가 하나님의 영광이다. 예수 그리스도는 항상 하나님의 영광이다. 내가 잘되어 남을 물질로 도울 수 있어서만이 하나님께 영광이 아니라, 예수 그리스도와 함께 있어 하나님께 영광된 열매를 맺는 것이다. 하나님께서 '잘되는 나'를 받으신 것이 아니라, 예수 그리스도를 받으셨기 때문이다.

무엇이 복인가? 당신이 정하는가? 예수님 자신이 정하시는가? '잘되는 나'의 복음은, 복음을 설명하기 이전에 이미 '무엇이 복인가'에 대해 스스로 결정하고 들어간다. 그렇게 생각하는 자들은 '예수님의 팔복(八福)'을 설교하지 않을 것이다(마 5:1-12). 무엇이 복인지는 하나님이 결정하신다. 예수님이 결정하셨다. 그것이 복이다. 팔복의 중심은 예수 그리스도이다. 그분 안에서 그분과 함께 그분의 길을 가는 것이다.

그래서 복음의 중심은 '잘되는 나'가 아니라, 예수 그리스도이다. 생존이 아니라 하나님의 영광이다. 꿈이 아니라 말씀이고, '나의 긍정적인 생각'이 아니라 '하나님의 뜻'이다. 성령과 기도는 내 꿈을 이루어 주는 것이 아니라, 나를 바꾸신다. 기도 응답이란 나를 위한 나의 꿈이 이루어지는 것이 아니라, 나를 위한 하나님의 뜻이 이루어지는 데에 있다. '잘되는 나'가 아니라 '그리스도의 형상으로 빚어진 나'이다. '그리스도의 형상을 따라 빚어진 나'보다 어떻게 더 잘되는가? 가슴이 아프다. 복음은 다 어디로 갔는가? 교회를 뒤덮은 이 흙탕물은 언제나 걷힐 것인가?

"모든 것이 합력하여 선을 이루느니라 하나님이 미리 아신 자들을
또한 그 아들의 형상을 본받게 하기 위하여 미리 정하셨으니"

― 롬 8:28-29

수련회 신학

　7, 80년대 교회의 중·고·청 수련회의 하이라이트는 단연 캠프파이어였다. 임원들은, 작은 불꽃이 철사 줄을 타고 '좌-악' 내려와 마당 중앙에 쌓아 놓은 장작더미에 닿으며 일순간에 커다란 모닥불을 일으키는 장면을 연출하기 위해 많은 준비를 해야 했다. 마지막 날 저녁, 붉게 타오르는 모닥불 앞에 모여 눈물의 회개 기도를 드리며, 종종 자신의 죄들을 적은 쪽지를 불에 던져 태우곤 했다. 간혹, 담당 장로님이 불쏘시개로 그 참회 목록 쪽지들을 잘 타도록 정리하던 장면도 기억난다.

　왜 어린 시절 수련회의 '절정'은 항상 죄의 회개와 십자가여야 했을까를 돌아보게 된 것은, 신약을 공부하면서 단지 십자가뿐 아니라, 부활, 승천과 그 이후 그리스도의 사역이 가진 엄청난 능력에 대한 확신이 점점 더 커지면서였다. 우리를 죄의 권세에서 해방한 십자가는, 언제까지나 그리스도의 다른 모든 사역의 기초이고 중심 원리이다. 바로 그 때문

에, 십자가 사건은 더 놀라운 그리스도의 사역으로 우리를 이끄는 출발점의 역할을 한다. 그 뒤이어 나오는 부활의 복음은, 죽음의 권세를 깨뜨린 더욱 폭발적인 능력이기 때문이다.

그런데 그것보다 더 놀라운 복음도 있다. 그것은 그가 드디어 하늘에 오르셔서 하나님 보좌 우편에 앉으셨고, 거기서 '주'(Kyrios)가 되셨다는 사실이다(시 110편; 엡 2:6). 현실적으로, '주(主) 기독론'이 실제로 심령에 와 닿지 않으면 성도는 세상에서 미약한 삶을 살 수밖에 없다. 십자가는 교회 안에 갇혀 있게 되고, 세상은 낯설고 버려진 곳처럼 느껴지게 되기 때문이다. 하늘 보좌에 앉으셔서 교회와 세상을 함께 통치하시는 '주' 되신 예수 그리스도에 대한 확신이 있다면, 세상 한복판에서 펼쳐지는 그분의 뜻에 순복하는 것이 참된 예배라는 것을 알게 될 것이다.

하지만 그보다 더 놀랍고 충격적인 기독론적 복음의 '절정'은 그분이 '다시 오신다'는 사실에 있다. 다시 오셔서 하나님의 진노와 심판 아래 놓인 세상으로부터 우리를 건져 내시는 '구주'(Soter, 救世主)가 되신다는 것이다. 거기가 절정이다. 거기서 우리는 한없이 위로받고, 다시 일어나 세상 한복판을 그분을 따라 걸어갈 새 힘을 얻는다.

사실, 예수 그리스도에 대한 신앙의 가장 큰 무게 중심은 여기에 있어야 한다. 주의 재림(parousia)은 부록이 아니다. 칭의가 시작이라면 재창조가 그 완성이기 때문이다. 그가 오셔서, 악과 악한 자와 불의와 죄의 세상을 심판하시고, '의와 화평이 거하는' 새 하늘과 새 땅을, 이미 시작된 그 나라를, 온전히 이루신다는 확신, 이 확신이 우리로 하여금 지금, 여기에서, 황홀한 확신에 찬 기다림으로 걷게 하기 때문이다.

오늘날 "복음으로 돌아가자!"라고 외쳐도 무언가 계속 헛물을 켜는 듯한 느낌을 받는 이유는 무엇일까? 그것은 종종, 우리가 또다시 갈라디아서 3장의 '대속의 십자가'에서 멈추고 다시 돌아오는 현상을 반복하는 익숙함을 예상하기 때문은 아닐까. 그 어린 시절 수련회를 마치고 내려오면서, 종종 '천사가 된 것처럼' 느꼈던 경험, 그리고 몇 주 후부터 다시 '마귀처럼' 살다가, 그다음 해 수련회까지 다시 씻어야 할 죄들을 쌓으며 살아갔던 그 반복된 경험을 돌이켜 본다.

왜, 그때 그 수련회들은 항상 골고다의 십자가로 끝났을까? 왜 복음은 항상, '내 행위가 아니라 오직 은혜로의 죄 사함과 믿음'의 캠프파이어의 불꽃과 눈물과 결심에서 끝났을까? 그것은 우리가 이해하고 받은 신학과 신앙의 중심이 너무 한쪽으로만 치우쳐 있었기 때문은 아니었을까?

가끔 '수련회 신학'이라는 말을 떠올려 보게 된다. 그 시절 당연하다고 생각했던 수련회의 내용이나 형태도, 사실은 우리가 당시에 강조하고 있었던 어떤 신학의 내용을 따라, 알게 모르게 그 틀에 끼워 맞추어져서 진행되었던 것은 아닐까? 그렇다면 혹시, 예수 그리스도의 '재림'에 올인(all-in)하는 수련회는 어떨까?

그러니까, 수련회의 첫날 저녁을 '언제나 중요한 근거가 되는' 십자가로 시작하고, 다음 날은 '죽음을 이긴 부활 생명의 능력'을, 그다음 날은 승천하사 '주' 되신 예수 그리스도를 따라 사는 세상 속의 교회의 길을, 그리고 마지막 날은 '반드시 다시 오셔서, 공의로 심판하시고, 자기 백성의 눈에서 모든 눈물을 닦아 주실 그분'에 대한 확신에 찬 '신천신지'(新天新地)의 돌이킬 수 없는 확신과 기쁨이라는 내용을 다루는 것이다.

그래야 온전한 기독론에 맞는 수련회가 되지 않을까? 우리를 죄의 권세에서 해방시키는 십자가의 보혈은 언제나 간절히 필요한 신앙의 근거요 핵심이다. 하지만 우리가 늘 고백하는 '사도신경'의 내용대로, 우리는 예수 그리스도의 죽으심만이 아니라, 부활과 승천 그리고 다시 오셔서 심판하시고 재창조하시는 온전한 복음으로 돌아가, 그 복음을 충만히 누려야 한다. 우리가 받은 그리스도의 1/4만을 선포한다면, 우리가 누리는 구원도 능력도 기쁨도 1/4일 수밖에 없을 것이다. 우리가 살아 낼 수 있는 삶은, 언제나 우리가 알고 있는 예수 그리스도만큼뿐이기 때문이다.

> "오직 우리 주 곧 구주 예수 그리스도의 은혜와
> 그를 아는 지식에서 자라 가라"_ 벧후 3:18

마음에 심긴 말씀, 그 놀라운 구원

야고보서는 예수를 믿고도 아직 세상 속에 남아 있어야 하는 교회를 위해 기록되었다. 그래서 예수를 믿고도 아직 세상 속에 남아 있는 당신에게 야고보서의 메시지는 절대적으로 필요하다. 예수 믿는 당신이 이 세상에서 싸워야 하는 가장 큰 대적은, 세상의 그 무엇도, 어떤 사람들도, 성공도, 사명도 결코 아니다. 바로 당신 자신의 '두 마음'이다.

하지만 복음은 이것이다! 당신이 예수를 믿는다면, 당신은 '그 마음에 하나님의 말씀이 심긴' 사람이다. 이것이 복음이다. 당신의 심령은 하나님의 '진리의 말씀'으로 새로 태어난 심령이다. 그 심령은 그 '진리의 말씀' 없이는 태어날 수 없었고, 또한 존재하지도 못한다. 그리고 마음에 심긴 그 말씀이 당신을 만들어 갈 것이다. 물론 당신의 마음은 수도 없이 나뉘고 미혹되고 시험에 들려 하며 또 시험에 들 것이다.

하지만 당신의 마음은 이미 새롭게 거듭난 마음이다. 그리고 그 마음은 이미 하나님의 말씀이라는 DNA를 가지고 있다. 천 갈래, 만 갈래로 갈라지는 마음이라도, 거듭난 신자의 심령은 하나님의 말씀이 그 마음 가장 밑바닥을 견고히 붙들고 계신다. 그러므로 안심하라.

이 복음을 믿으라. 야고보는 당신이 예수 믿은 사실에 대하여, 당신이 의롭게 되었다거나, 천국에 가게 되었다거나,

성령을 받았다거나 하는 식으로 설명하지 않는다. 전혀 다른 면을 보여 준다. 당신이 가야 하는 그 길, 당신이 순복해야 할 그 말씀의 길이 바로 당신 안에 이미 심겨 있다. 당신의 마음은 하나님의 말씀으로 다시 태어났고, 그 말씀이 당신의 마음을 붙들고 있는 실체이다. 두 마음의 치유는 이미 시작되었다.

그래서 당신이 예수를 믿는 사람이라면, 그 거듭난 심령에 심긴 말씀, 성경에 기록된 말씀, 그리고 설교자를 통해 선포되는 말씀에 귀를 기울여야 한다. 그것이 실제로는 당신의 마음이 가장 원하는 바이기 때문이다. 그 말씀의 이끄심에 모든 겸손함과 온유함으로 귀를 기울이라. 그 말씀이 당신을 버리지 않는 한, 당신 역시 그 말씀이 심겨 있는 당신의 심령을 포기하지 못한다.

하나님의 말씀은 영영히 선다. 그 말씀이 심긴 심령으로 다시 태어난 당신도 영영히 설 것이다. 이 세상과 세상의 모든 것들은 지나가도, 당신은 영영히 설 수밖에 없다. 당신 속에 심긴 하나님의 말씀이 영영히 설 것이기 때문이다.

바로 그런 이유로, 당신은 그 심긴 말씀을 모든 겸손함과 모든 '온유함으로' 받아들여야 한다. 그 말씀이 이끄는 대로 순복하며 따라가라. 그 길의 끝에서 당신은 다름 아닌, 드디어 영원한 생명으로 충만한, 그분과 함께 서 있는 당신 자신을 만날 것이다.

"능히 구원할 바 마음에 심어진 말씀을 온유함으로 받으라"

– 약 1:21

더럽지 않고, 썩지 않고, 허무하지 않은 땅

교회란 무엇인가? 그리스도인이란 누구인가? 베드로전서는 교회란 이 세상에서 '나그네와 행인'(개역개정: '거류민과 나그네')이라고 정의한다. 게다가 '제사장 공동체' 즉, 이 세상을 여행자로 지나가면서 이 세상을 하나님 앞으로 인도하는 '제사장들'이라고 표현한다.

정말 그러한가? 우리는 세상에 대하여 참으로 '나그네와 행인'으로 살아가는가? 아니면, 세상에서 세상 사람들처럼, 쟁취하고 빼앗는 아귀다툼에 조금도 손해 보지 않으려 발버둥 치는가? 세상 사람들을 하나님께로 인도하는 '제사장 공동체'가 되려면, 그들 가운데에서 '선한 양심으로, 선한 일들'을 행해야 한다. 그런데 그게 쉽지 않다. 이익과 손해가 걸려 있는 문제에서, 그리스도인들이 왜 굳이 양심대로 하며, 왜 굳이 선을 행하다가 불의를 당하고도 그것을 견디어야 하는가?

이 땅에서 '나그네와 행인'으로, '제사장 공동체'로 살려면, 교회는 자신이 '택함받은 백성' 곧 '하나님께 긍휼을 입은 자들'이라는 복음을 확실하게 붙잡아야만 한다. 그래서 베드로전서는, '사랑하는 자들아 나그네와 행인 같은 너희를 권하노니'(벧전 2:11, 개역한글)라는 권면을 시작하기 전에, 서신의 처음에서부터 그들이 '택하심을 받은 자들' 또는 '긍휼을 얻은 백성'이라는 사실을 선포하고 설명하는 것이다(벧전 1:2-2:10).

그렇다면 교회가 '택하심을 받았다'든지 '긍휼을 얻은 백성'이라는 말은 무슨 뜻인가? 사도 베드로는, 그 택하심의 의미, 그 긍휼의 의미를, 특징적으로 '유업, 기업 곧, 땅을 얻은 것'으로 설명한다(벧전 1:3-4). 그것도 '더럽지 않고, 썩지 않고, 쇠하지 아니하는, 하늘에 간직된 유업, 땅'이라고 선포한다.

애초에 하나님의 언약 백성이 된다는 것은 옛 언약 백성에게도 마찬가지로 '땅을 기업으로 얻고' 시작하는 것이었다. 단순히 죄 사함을 받거나, 의롭다 함을 입어 하나님과 바른 관계에 들어오는 정도가 아니었다. 그것은 모두 하나님의 자녀가 되었다는 의미인데, 하나님의 자녀가 된 큰 특권 중에 하나는, 바로 하나님의 자녀로서 '하나님의 나라'를 유업(inheritance)으로 받아 그 나라를 통치하는 권세를 받았다는 사실에 있기 때문이다!

통상 하나님의 '나라'(kingdom)라고 할 때, 한편에서는 '천당'의 경우처럼 장소만을 떠올리거나, 다른 한편으로는 그것을 단지 '통치'만을 의미하는 것으로 축소시키려 하는, 서로 상반된 경향이 있다. 하지만 하나님의 나라는, 하나님의 '통치'(reign)와 그런 통치를 받는 '영역'(realm)을 모두 포함한다.

이 세상 역시 하나님의 '통치' 아래 있지만, 아직 제한적이고 한시적으로 '악한 자 아래에 놓여'(요일 5:19) 있는 '영역'이다. 주께서 다시 오셔서 그분의 '의와 생명과 사랑의 통치'를 완성하시는 날, 그 악한 자의 거짓과 죄와 죽음과 증오와 허무의 일시적인 지배가 거두어지고, 드디어 우리 눈앞에 온전한 '새 하늘과 새 땅'이라는 새로운 세상이 펼쳐질 것이다.

바로 이것이 교회가 받은 구원, '기쁜 소식'의 온전한 내용이다. 사도 베드로가 '살아 있는 소망'의 내용으로 소개한 그 '하늘에 간직된 유업, 썩지 않고, 더럽지 않고, 쇠하지 아니하는 나라'가 이것이다. 그러니까 조금 거칠게 표현하면, 그리스도인이 된다는 것은 구약에서나 신약에서나 '땅, 부동산'을 얻고 시작하는 셈이다.

옛 언약 백성에게는 '젖과 꿀이 흐르는 가나안 땅'이 선물로 주어졌지만, 새 언약 백성인 신약 교회에는 그 성격이 조금 '다른' 땅이 주어진다. 땅은 땅인데, 지금 이 악한 자의 지배 아래 있는 이 땅과는 다른 '새' 땅이다. 교회가 받은 기쁜 소식으로서 '하늘에 간직된 유업, 새 하늘과 새 땅'에는, 더 이상 '더러움과 썩어짐과 허무함'이 존재하지 않기 때문이다.

그래도, 땅이다. '새'것이지만 여전히 '하늘과 땅'을 유업으로 받는 것이다. 그것이 교회가 예수 그리스도로 말미암아 받은 '기쁜 소식'의 중대한 내용이다. 그러니까, 그리스도인이 받은 기쁜 소식은 죄 사함이나 의롭다 함을 입었다는 정도에서 그치지 않는다는 뜻이다. 그것도 어마어마하게 복된 일이지만, '새 하늘과 새 땅'을 유업으로 받았다는 사실을 충분히 의식하고 철저히 받아들여야 한다. 그리스도인이란, 그 살아 있는 소망이, 이 '더럽고 썩어지고 허무한' 세상을 이겨 나갈 엄청난 복음의 능력이 되는 사람인 것이다.

그래서 '새 하늘과 새 땅의 복음'을 받은 그리스도인은, 세상을 '나그네와 행인'으로 넉넉히 지나갈 수 있는 충분한 근거가 있는 사람이다. 그렇지 않다면, 이 세상에서 다른 모든 세상 사람들처럼 땅 몇 평에 아귀다툼을 해야 할 것이다. 가진 것이, 가질 수 있는 것이 세상밖에 없다면, 그 세상을 얻지 못하는 것이 가장 큰 실패가 될 것이기 때문이다.

새 언약 백성인 교회는, 새 하늘과 새 땅을 받았고, 받고 있고, 받을 사람들이다. 그래서 이 세상의 일로 세상 사람들처럼 아귀다툼을 하지 않을 확고한 근거와 분명한 이유가 있는 사람들이다. 그렇게 하지 않을 수 있는 이유는, 그리스도인이 세상 사람들보다 도덕적으로 우월하기 때문이 아니다. 단지 그렇게 할 필요가 없기 때문이다. 받은 은혜가 그들의 심령과 삶의 선택을 압도하기 때문이다.

이것이 교회가 죄로 더러워지고 죽음 아래서 썩어져서 결국 허무에 종노릇하는 이 땅에서, 낙심하지 않고 '정의와 생명과 사랑'의 씨앗을 뿌리며 지나갈 수 있는 이유이다. 그러므로 정말 치명적인 문제는, 교회가 과연 '복음을 알고 있느냐' 하는 것이다. 교회는 축소되고 왜곡되고 변질된 복음을 회복하고, 이 온전한 복음을 받아들이고 충분히 누려야 한다. 그래야 세상을 이긴다. 세상밖에 없는 사람은, 세상을 이길 수 없다. 새 하늘과 새 땅을 가진 사람들만이, 세상 속에서 세상을 이기는 길을 걸어갈 수 있다.

> "썩지 않고 더럽지 않고 쇠하지 아니하는 유업을 잇게 하시나니 곧 너희를 위하여 하늘에 간직하신 것이라"_ 벧전 1:4

'살아 있는 소망' 위에 신앙과 삶을 세우라

믿음보다, 사랑보다, 더 기초가 되는 것이 소망이다. 무슨 소리인가? 믿음이 기초 아닌가? 아니다. 믿음은 거듭난 심령으로 소망이 들어오는 은혜의 통로이다. 믿음은 들음에서 난다. 그리고 그 들음의 내용인 복음은 '살아 있는 소망'에 대한 것이다. '썩지 않고 더럽지 않고 쇠하지 아니하는 유업'이다 (벧전 1:4). 믿음은 그 영원한 유업을 받을 확실한 약속이다. 동시에 지금 여기서도 그 나라를 누리는 실재이다.

그래서 소망이 신앙의 기초이다. 믿음은 이 소망에 대한 믿음이다. 여기서 비로소 세상에 매이지 않는 그리스도인의 진실한 사랑이 나온다. 현세적인 복이 강조되는 시대에, 복음이 주는 참된 소망의 위력은 간과되거나 왜곡되었다. 복음이 주는 '살아 있는 소망'은 결단코 '긍정적 사고방식' 따위가 아니다. 내 소망을 내가 원하는 방식으로 얻어 내기 위해 나에게 주문(呪文)을 걸고, 하나님에게 주문을 걸고, 하나님의 말씀을 주문처럼 악용하는 '긍정적 사고방식'으로 받아 내는 2중, 3중, 4중 축복이 결단코 아니다.

복음이 주는 소망은, 내가 나를 위해서 만든 것이 아니라 하나님께서 나를 위해서 만드신 것이다. 내 방식대로 이루어지는 것이 아니라 하나님의 방식대로 이루어지는 것이며, 내 목적을 위해서가 아니라 하나님의 영광의 목적을 위해서 이루어진다. 어떻게 다른가? '긍정적 사고방식'의 소망은 당신을 세속의 한복판으로 다시 끌고 간다. 썩어지고 더럽고 허무한 세상 한복판에 이르게 한다. '복음적인 소망'은 그 살아 있는 소망을 붙든 자들로 하여금, 예수 그리스도를 따라 그 소망의 종착지인 하늘의 하나님 보좌 우편에 이르게 한다(벧전 3:22). 그 썩지 않고 더럽지 않고 영원한 나라, 새 하늘과 새 땅에 이르게 한다(벧후 3:13).

당신의 삶의 중심은 어디에 놓여 있는가? 과거에 놓여 있는 사람은 과거의 무게를 짊어지고 산다. 현재에 놓여 있는 사람은 현재를 벗어나기에 급급하다. 예수 믿는다는 것은 미래에서부터 현재로 쏟아져 밀려오는 하나님의 강력한 나라, 그 영원한 나라를 맞이한다는 뜻이다. 소망이 중심이다. 소망에 당신의 신앙과 삶의 기초를 놓으라. 당신은 그리스도를 좇아 넉넉히 세상을 이기며, 진실하고 뜨거운 그리스도의 사랑으로 살아갈 수 있다. 당신의 소망은 무엇인가? 그 소망은 당신의 삶을 어떻게 결정짓고 있는가?

"거듭나게 하사 산 소망이 있게 하시며"_ 벧전 1:3

나는 참포도나무이니

그리스도를 주는 설교

어떤 설교는 내내 어떻게 하면 성공하는지를 가르쳐 주려 애쓴다. '이렇게 하면 잘산다, 저렇게 하면 성공한다, 성공한 사람들에게는 몇 가지 법칙이 있다', 이런 식이다. 성경의 거룩한 나라, 썩지 않고 더럽지 않고 쇠하지 아니하는 영원한 나라의 복음을, 포장지만 뜯어 다른 싸구려 상품에 씌워 파는 어리석은 거짓 교사들의 설교이다. 저들은 복음을 모른다. 성경 말씀은 저들의 싸구려 가짜 복음을 포장하는 포장지일 뿐이다.

또 다른 설교는 교회가 중심이다. 어떻게 하면 성도들을 쥐어짜내 '우리 교회' 성장에 도움이 되게 할 것인지에 초점을 맞춘다. 봉사와 충성, 결국 헌금과 두말없는 헌신이 큰 교회를 이루게 한다고 가르치기에 여념이 없다. 목사는 사장이고, 헌금 내는 시간이 예배의 절정이다. 성도들은 노예처럼 취급받는다. 당회장실은 회장님 방처럼 견고하고 접근이 어렵다. 이들도 하나님 나라를 팔아 기업 같은 '내 교회'를 만드느라 여념이 없다. 정작 교회인 성도들은 예수 그리스도에 굶주려 있다.

그리스도와 그의 영광, 그의 고난, 그의 성숙, 그의 사랑, 그의 길을 설교하면서도 그것으로 가슴이 채워지고 그것으로 만족스러운 그런 설교, 그런 목회자, 그런 교회 만나기가 하늘의 별 따기처럼 어려운 시대가 되었다.

도적들이여, 주께서 피 흘려 사신 성도들 앞에서 너의 값싼 상품을 팔지 말라. 거짓 목자들아, 교회를 기업 삼아 너의 왕국을 세우려 그 존귀한 성도를 종으로 부려 먹는 악한 자들아, 주께서 너희들에게 내릴 심판의 날의 무서움에 떨라.

그리스도께서 피 흘려 값 주고 사신 존귀한 성도들에게 오직 그리스도를 주라. 설교자들이여, 마음을 순결하게 하고 지극히 높으신 하나님의 성도들 앞에서 두려워 떨라. 입술의 말과 마음의 생각이 주요 심판주이신 하나님이 받으실 만한 것이게 하라.

주여, 이 땅의 교회를 거룩하게 하소서. 정결하게 하소서. 오직 주 예수 그리스도의 교회를 주 예수 그리스도의 말씀으로 씻으시고 채워 주소서. 우리를 불쌍히 여기사, 치유하시고 회복하여 주소서. 아버지의 이름을 위하여 우리를 불쌍히 여기사 회복하여 주소서.

"누가 철학과 헛된 속임수로 너희를 사로잡을까 주의하라
이것은 사람의 전통과 세상의 초등학문을 따름이요
그리스도를 따름이 아니니라"_ 골 2:8

나와 그것, 나와 너, 하나님과 나

독일의 어떤 단편 소설을 읽은 기억이 난다. 조금 각색을 했지만 그 내용은 대충 이렇다. 작은 마을에 한 공무원이 있었다. 그의 업무는, 시장이 그 마을에 새로 놓은 다리에 얼마나 많은 사람이 오가는지를 세는 일이었다. 아마도 기념일이나 축제 같은 때에, 시장의 업적을 내세우기 위해 그럴싸한 통계가 필요해서였을 것이다.

그 공무원은 다리가 내다보이는 길 건너편 숙소 이층에 자리를 잡았다. 종일 밖을 내다보며 다리를 건너는 사람의 숫자를 세는 것이 일과이다. 아침 9시부터 한 명씩 세기 시작해서 정오부터 오후 2시까지 사람들이 가장 많이 다니는 시간을 지나, 저녁 5시 퇴근 시간까지 센다.

그렇게 하기를 일주일, 이 주일, 한 달, 두 달이 지났다. 그런데 얼마 전부터, 오후 2시쯤에 빵 바구니를 든 한 여인이 다

리를 건너간다. 그것도 매일, 하루도 빠짐없이. 그 공무원은 그녀에게 눈이 간다. 오후 2시가 가까이 오면, 의자를 창가 쪽으로 더 바짝 당겨 앉아, 그녀가 오기를 기다린다.

그리고 숫자를 센다. 126, 127, 128…. 그런데 문제가 생긴다. 오후 2시가 되면 숫자를 자꾸 틀린다. 왠지 집중을 못 하게 된다. 그러던 어느 날, 그 공무원은 전날처럼 다리를 건너는 사람들의 숫자를 세고 있다. 그날따라 사람들이 조금 더 많이 지나간다. 정오가 지나자 점점 더 늘어난다.

오후 2시경, 그녀가 드디어 빵 바구니를 들고 나타난다. 그는 계속 숫자를 센다. 156, 157, 158…. 그리고 그녀를 바라본다. 숫자 세기를 멈춘다. 더 이상, 그는 그녀를, 그녀만큼은 숫자로 환원시킬 수 없다는 사실을 깨닫게 된다. 그는 의자를 박차고 일어나, 화병에 꽂힌 꽃다발을 뽑아 들고, 거리로 뛰쳐나간다.

이 소설의 배경은 아마도 근대 과학 혁명 이후 산업화가 한창이었던 유럽의 상황이었을 것이다. 도시마다 석탄 연기가 가득하고 곳곳에 공장이 세워지던 시절, 남자와 여자, 어른과 아이의 구분 없이 노동자는 그저 공장을 돌아가게 하는 기계처럼 취급받던 시대, 사람이 단지 사업주의 재산 목록의 숫자로만 존재했던 그런 시대의 이야기이다.

생각해 보면 세상은 늘 그렇다. 그것이 학번이든 수험 번호이든 사람들은 종종 '번호'로 불린다. "어이, 38번, 어이 61번." 이렇게 말이다. 직장인들은 종종 그의 연봉의 숫자로 평가된다. 월급 주는 사장의 눈에는 1분에 회삿돈 얼마씩을 가져가는 노동자요, 그 가져간 만큼 일해야 하는 '소모품'처럼 대접받지 않는가.

사람의 존재, 얼굴, 개성이 지워지는 학교, 그런 직장, 그런 사회 속에서, 사람들은 살기 위해 돈을 벌어야 하고, 그나마 자신의 얼굴을 알아보고 이름을 불러 주는 가족들을 위해, 사랑하는 사람들을 위해, 숫자로 살아가는 사회생활을 견뎌 낸다.

하지만 이런 '숫자가 지배하는 세상' 속에서, 교회만큼은 그런 곳이 아니고, 아니어야 한다. 예수를 믿었다는 것, 곧 하나님의 자녀가 되었다는 것은 곧 아버지 하나님과 하나님의 아들 그리고 성령님께서, 각 사람을 가장 존귀한 인격으로 대해 주시는 교제 가운데로 들어왔다는 뜻이기 때문이다.

그것이 '아버지와 아들과 함께하는, 우리와 너희의 코이노니아'(요일 1:3)이고, 이 '코이노니아'야말로 교회의 본질이다. 거기서 1세기의 신약의 교회는, 유대인이나 헬라인이나, 주인이나 노예나, 남자나 여자나, 모두 한 인격으로, 하나님이 그 아들을 내주시기까지 사랑하신 인격으로 서로를 대했다.

그 '코이노니아' 안에서, 성도들은 서로를 그 '영원한 생명'과 '썩지 않고 더럽지 않고 쇠하지 아니하는 유업'을 받은 가장 부요하고 존귀한 존재로 마주 대한 것이다. 그 '코이노니아' 안에서, 그들은 밖에 있는 세상 사람들을, 그들의 하나님 아버지께서 그 아들을 아낌없이 내주신 사랑의 대상, 존귀한 인격으로 바라보기 시작했다.

교회는 성도이고, 성도는 인격이다. 세상은 사람을 자주 '그것'(it)으로 대한다. 돈으로, 노동으로, 재산으로, 수단으로 여긴다. 사실, 그것은 인격이 아닌 그 '악한 자', 온 세상이 그 아래에 놓인 그 악한 자의 본질이다. 악한 자 마귀는 '인격'이 아니라, '그것'이다. 마귀는 사람에게서 인격을 빼앗아 간다. 그러므로 사람에게서 인격을 빼앗는 것은 마귀의 일이다.

'나'를 중심으로 다른 모든 사람들을 '그것'으로 취급하는 세상에서, '나와 너'의 관계를 만나는 일은 기적이며, 기적 같은 사랑이다. 하지만 교회에서는 그보다 더한 기적 같은 사랑을 만난다. '나와 하나님'과의 관계이다. 하나님이 '나'를 창조하시고, 구원하시며, 나를 자신과 같은 '인격'으로 대접하신다.

성도는 '인격'으로서, 인격이신 하나님과의 교제 속에서 하나님의 '신적 성품'에까지 참여한다. 사랑은 상대방을 자신의 수준으로까지 끌어올린다. 사랑은 사랑하는 그 대상 자신이 목적이기 때문이다. 사랑은 그 대상의 모든 것을 끌어안고, 그 대상에게 자기 자신을 내주기 때문이다.

세상에서 '그것'으로 살다가, '나와 너'의 관계를 발견하고, 더 나아가서, '하나님과 나'의 인격적 관계 안에 거하며, 하나님의 신적 성품에까지 참여하는 것, 그것이 '코이노니아'이다. 그것이 교회의 본질이다. 참된 교회 안에서 언제나 일어나고, 일어나야 하는 사랑의 회복이다. '하나님과 코이노니아'야말로 새로운 코스모스의 시작이고 완성이다.

"우리가 보고 들은 바를 너희에게도 전함은
너희로 우리와 사귐이 있게 하려 함이니 우리의 사귐은
아버지와 그의 아들 예수 그리스도와 더불어 누림이라"_ 요일 1:3

그저, 그분의 품에 안기라

'하나님과의 코이노니아'에는 적극적인 피동성이 필요하다. 하나님과의 사귐 가운데서 적극적 피동성을 발휘해야 하는 때는 주로 '기도'의 경우이다. 기도는 적극적이어야 한다. 기도는 꾸준한 만남이고, 끈질긴 만남이다. 믿음으로 담대하게 나아가서 그분의 얼굴을 구하는 것이다. 하늘의 보좌 앞이라도, 담대한 믿음으로 은혜 주실 줄 알고 엎드려 나아가는 것이다. 물러서지 않고 그분의 얼굴을 바라보는 것이다.

빈손으로, 세상에서 가장 가난한 거지처럼, 절박하게 의지하는 마음으로, 파산해서 그 어떤 곳에서도 다른 희망을 찾을 수 없는 사람의 심정으로, 그분을 받아야 한다. 그래서 '적극적 피동성'이란, 인격적인 상호성을 가지면서도 하나님의 주권적 행동을 함께 포함하는 개념이고 태도이다. 우리의 죄를 자백하며 하나님과의 사귐 안으로 들어가는 일도 이와 같다.

예를 들어 보자. 어린아이가 밖에 나가서 놀았다. 비가 많이 와서 진창이 된 흙바닥에서 놀았다. 한참을 놀고 나니, 옷이 다 젖고 더러워졌다.

이 아이는 어떻게 해야 할까? 주저하지 않고 집 안으로 뛰어 들어가 어머니의 품에 안기면 될 것이다. 어머니는 두말없이 자기를 끌어안으실 분이고, 그런 사랑으로 가득한 대상임을 알고 있기 때문이다.

그러면 어머니는 아이의 손을 잡고 목욕탕으로 데리고 간다. 가서 더러운 옷을 벗기고, 깨끗이 씻기기 시작하신다. 코도 풀어 주고, 얼굴도 목도 여기저기 손으로 뽀득뽀득 씻기신다. 따뜻한 물을 머리에서부터 부어 온몸을 깨끗하게 씻어 내신다.

그러고는 부드럽고 바싹 마른 깨끗한 수건으로 몸을 닦아 주신다. 마침내, 새 속옷으로 갈아입히고는, 깨끗한 옷으로 덧입히신다. 아이는 무엇을 하면 되는가? 가만히 있으면 된다. 엄마의 손에 붙들려, 엄마가 씻기고 새 옷으로 입히기까지 그저 엄마의 품에 가만히 있으면 된다.

아이가 엄마에게 달려간 것으로, 엄마의 품에 안긴 것으로, 그가 해야 할 모든 일은 끝난 것이나 다름이 없다. 그것이 믿음의 '적극성'이다. 그리고 엄마가 그 몸의 더러운 것을 씻어 내고 깨끗한 옷으로 입히실 때도, 엄마의 손에 다른 저항 없이 잠잠히 붙들려 있는 것, 그것이 신뢰의 관계에서 생기는 '피동성'일 것이다.

하나님과의 인격적 교제는 이런 적극적 피동성의 태도를 통해, 그분의 모든 복되고 탁월하고 풍성한 생명으로 우리를 채워 준다. 그분이 죄를 씻어 주실 뿐 아니라, 의로 덧입히신다. 성화(sanctification)도 영화(glorification)도 그분의 몫이다. 그분이 해 주신다. 하나님과의 사귐이란, 그분의 풍성하고 영원한 생명을 받는 시간이다. 우리의 더러움은 그분의 것이 되고, 그분의 거룩함은 우리의 것이 된다. 우리의 죄는 그분이 가져가시고, 그분의 의는 우리에게 주어진다.

사실상 죽음을 드리고 생명을 받는 일이며, 허무한 것을 드려서 영원한 것을 받는 일이다. 어둠을 내어 드리고 빛으로 채워지는 일이다. 어찌 이런 지복(至福)의 사귐을 저버리랴. 세상 어디에서 이런 복된 사귐을 찾을 수 있으랴. 젖먹이 어린아이에게 있어서 어머니의 품보다 더 안전하고 따뜻한 곳이 세상 어디에 있으랴. 성도여, 그저 그분의 품에 달려들라. 그 품에 항상 머물기를 기뻐하라.

"너 예수께 조용히 나가 네 마음을 쏟아노라.
늘 은밀히 보시는 주님 큰 은혜를 베푸시리."

"그가 빛 가운데 계신 것 같이 우리도 빛 가운데 행하면
우리가 서로 사귐이 있고 그 아들 예수의 피가
우리를 모든 죄에서 깨끗하게 하실 것이요"_ 요일 1:7

주께서 예비하신 행복

팔복(八福)은 '돈이 근본이 되는' 사회에서 인기가 있는 복들이 아니다. 세상적 성공 기준들이 정해져 있고, 오늘날 그 기준들과 함께 춤추는 교회 안에서도 그리 인기가 있는 복들이 아니다. 오늘날처럼 예수께서 말씀하신 '복'과 그의 이름을 짊어진 교회가 바겐세일로 선전하는 '복들'의 의미가 이렇게 큰 차이를 보이는 시대도 없었던 것 같다. 오늘날 교회는 분명, 예수께서 내신 팔복의 작은 길의 옆으로 난 큰길로 성큼 들어선 것처럼 보인다.

실로 팔복은, 교회들이 세상을 따라 함께 홍보하는 '복'의 기준으로 보면 전혀 '복'같아 보이지 않는다. 그러나 문제는 팔복을 복이라고 선언하시는 분이 교회의 주님이시라는 사실이다. 우리가 옳은가, 주님이 옳은가? 세상이 옳은가, 주님이 옳은가? 탐욕(greed)으로 무장한 채 경쟁에 이겨야 복이고, 애통하기보다는 시원하게 되갚아야 복이고, 불법이라도 투기로 끌어모아야 영원토록 땅을 차지하는 것 같아도, 악인은 단지 바람에 나는 겨와 같을 뿐이라는 것이 성경의 결론이다. 땅은 결국, 온유한 자가 차지한다.

무엇이 복인가? 불의해도 내 배만 부르면 되고, 벼랑에 몰린 사람들의 등을 떠밀어서라도 내 이익을 손해 볼 수 없고, 더러운 것들로 내 마음을 채우는 것은 결코 복이라 할 수 없다. 어떤 복을 바라며, 어떤 복을 간구하는가? 어떤 복에 참여하며 사는가?

    예수님이 옳다면, 팔복을 간구하며 살아야 한다. 사실 그 팔복 속에 예수를 통해 하늘에서 쏟아지는, 하늘의 별과 같이 빛나는 보배로운 복을 받은 우리의 참모습이 있다. 거기에, 그렇게 차지하고 경쟁에서 이기고 더 크고 더 유명하고 더 쌓아 놓고 더 많이 먹고 더 편하게 살고 더 많이 가져도 찾기 어려운, 주께서 예비하신 따뜻한 행복이 숨어 있다.

> "심령이 가난한 자는 복이 있나니"_ 마 5:3

절망이 불가능한 은혜

    신자는 항상 희망을 주는 사람이다. 그는 예수 안에서, 예수를 통해서 모든 것을 보기 때문이다. 신약의 첫 복음서를 기록한 마태가 그러했다. 예수께서 헤롯의 핍박을 피해 쫓겨나듯 애굽으로 피신을 가셨는데, 바로 그 사건 속에서 마태는 자기 백성의 구원이 임박했음을 선포한다. 당시는 베들레헴에서 두 살 된 아기들이 모두 학살당하는 비참한 사건이 일어난 직후였다. 국가적 재난이다. 어린아이들이 참사를 당한 것이다.

마태는 절망과 비통에 휩싸인 백성처럼 똑같이 절망과 비통에 휩싸였을 수도 있었다. 그렇게 잔혹하게 아이들을 도살한 로마의 압제자들을 비난할 수도 있었을 것이다. 백성을 긍휼히 여기는 마음과 불의한 일에 분노하는 마음이 가득했을 것이다. 하지만 그는 더 큰 희망을 본 사람이다.

그는 하나님께서 그 아들 예수를 보호하시며 다시 데려오셔서 결국 그분의 사역을 이루게 하실 것을 선포한다. "이제 하나님의 뜻이 이루어진다!" 이것이다. 현실은 절망과 비참이다. 지금 예수님은 애굽으로 피난 가시는 처지이다. 그런데 마태는 호세아의 말씀을 인용한다. '내가 내 아들을 애굽에서 불러내었다!'(마 2:15)

이제 진정한 출애굽이 일어날 것이다. 곧 일어날 것이다. 예수가 살아 계시기 때문이다. 그분이 자기 백성을 진정으로 해방시키실 것이다. 죄와 죽음의 세상에서 자유하게 하실 것이다. 참된 하늘나라의 통치를 가져오실 것이다. 마태는 예수 안에서 그 모든 살아 있는 희망을 보았다. 그래서 절망의 순간에 절망하지 않았다.

마찬가지이다. 신자란 사실 '절망이 불가능한 사람'이다. 예수 안에서 보고 느끼고 말하고 살기 때문이다. 마태는 실패가 이미 오래되어 죽은 것 같은 자기 민족의 현실을 바라보면서도, 로마의 잔혹한 죄악 속에서도, 그 어린 예수 안에서 뜨거운 희망을 발견했다. 한 지역의 어린아이들이 잔인하게 학살되는 비참과 통곡의 현실 속에서도, 그는 한 맺힌 비난으로 끝나지 않았다. 한숨으로 끝나지도 않았고, 그 현실을 피하지도 않았다. 그는 예수 안에서 다가오는 살아 있는 희망을 발견했다.

그것은 하나님의 신실하심에 대한 발견 때문이다. 자기 백성을 버리지 않으시며, 인간의 무지와 비참을 그대로 두지 않으시고, 반드시 치유하시고 회복하시는 하나님의 긍휼에 대한 확고한 신뢰 때문이다. 그리고 그는 예수의 사건에서 하나님의 신실하심과 그분의 긍휼의 확증을 보았다.

우리 역시 날마다 절망스러운 상황과 마주친다. 나아지지 않는 현실과 부딪힌다. 갈수록 잔혹한 악의 준동에 할 말을 잃는다. 하지만 교회는 예수 안에서 절망이 불가능한 삶을 산다. 예수가 모두를 살리는 희망이기 때문이다. 그렇다면 우리는 진정 절망스러운 사람들과 현실, 공동체 속에서도 그렇게 뜨거운 희망을 보고, 확신하고, 설득하는 사람들인가?

> "이는 주께서 선지자를 통하여 말씀하신 바
> 애굽으로부터 내 아들을 불렀다 함을 이루려 하심이라"
>
> _ 마 2:15

값싼 은혜, 가짜 은혜, 그리고 '참된' 은혜

'값싼 은혜'라는 말을 들어 보았을 것이다. 본회퍼 목사님이 하신 말씀이다. 자기 아들을 내어주시고 우리를 구원하신 하나님의 값비싼 은혜를 값싼 은혜로 둔갑시키는 일은 심각한 죄악이다. 그래서 죄인을 의롭다 하신 은혜를, '죄조차 의롭다'라고 써먹는 것이 값싼 은혜이다. '오직 은혜이니, 죄를 지은들 뭐가 대수냐'라고 하며, 하나님의 아들이 피 흘려 주신 값비싼 은혜를 바겐세일로 팔아넘기듯 싸구려 은혜로 만드는 태도이다.

이와는 조금 다르게, 사도 베드로는 값싼 은혜가 아니라 아예 '가짜 은혜'에 대해서 잘 알고 있었다(벧전 5:12). 무엇이 '참된 은혜'이고, 무엇이 가짜 은혜인가? '세상 속에서 그리스도를 따르는 길에서 받는 은혜'가 진짜 은혜이다.

베드로는 그리스도의 고난의 증인이었다. 그는 그리스도를 위하여 고난받는 자들 위에 '영광의 영'이 머물러 계심을 보았다(벧전 4:14). 세속 한복판에서 그리스도를 따라 선(善)을 행하며, 그 이상의 선, 곧 악을 악으로 갚지 않고 불의한 자들로 인하여 받는 고난을 참는 중에 주께서 베푸시는 치유와 회복과 강건하게 하심과 굳게 하심의 은혜, 그것이 참된 은혜이다.

그렇다면 무엇이 '가짜 은혜'인가? 세속 한복판에서 그리스도를 따름이 빠진 은혜이다. 예수 믿어 세속적인 복을 받는 것도 은혜이지만, 그 모든 복들이 그로 하여금 더욱 그리스도의 길을 따르게 하지 못한다면, 그가 받은 은혜들은 참된 은혜가 아니다. 세속적인 것을 거슬러 대항하며 그리스도를 더욱 따르게 하는 은혜가 아니면, 그것은 자신과 다른 이들을 속이며, 받은 은혜 속에서 망하게 하는 가짜 은혜이다.

예수를 믿어 세상을 얻었는데 그 세상 속에서 세상과 함께 망하는 것이 하나님의 은혜일 수가 없다. 그러므로 '그리스도의 고난'에 참여함이 곧 참된 은혜이다. 그러나 이 고난은 내 죄 때문에 당하는 고난이 아니다. 더구나 인생 '새옹지마'(塞翁之馬)라고, 어떻게 하다 보니 결국 행운이 된 불행을 가리키는 것도 아니다.

참된 은혜란 '그리스도를 따름에서 오는, 고난 가운데 주어지는 은혜'이다. 더욱더 그리스도의 터 위에 서서 흔들림이 없게 하는 은혜가 진짜 은혜이다. 그것은 값비싼 은혜를 받는 올바른 방법이기도 하지만, 그것을 통하여 세상을 지나서 진정으로 하늘의 영광에 이르게 한다는 점에서 '참된' 은혜이다.

교회에서 예수 믿고 복 받는 것으로 '참된 은혜'를 받았다고 생각 말라. 세속 한복판에서 그리스도의 길을 따르라. 거듭난 심령의 회복된 양심, 곧 선한 양심으로, 은혜와 진리로 악을 이기고 정복하는 십자가의 길을 따르라. 그 고난의 길이 '참된 은혜'의 길이다. 그 길을 가는 당신을 그분이 앉아 계신 하늘 보좌 우편에 이르게 하기 때문이다. 은혜받기를 원하거든, 참된 은혜를 갈구하라.

"이것이 하나님의 참된 은혜임을 증언하노니
너희는 이 은혜에 굳게 서라"_ 벧전 5:12

열매로 그 나무를 알리라

'의', 선물에서 샬롬까지

'의'(義)란 무엇인가? 소위 '칭의'(justification by faith) 곧 '믿음으로 의롭다 함을 입었다'고 말하는 사람은, 세상의 '정의'(justice)에 둔감한 경향이 있고, 반대로 세상의 정의 문제에 민감한 사람은, 오직 그리스도를 믿음으로 의롭다 함을 얻는다는 '칭의'의 신앙을 삐딱하게 보기도 한다.

하지만, 이 둘은 서로 배타적이고 대립되어야 하는가? 둘 중 하나만 옳은가? 사람이 자신의 행위가 아니라 오직 하나님의 은혜로 의롭다 함을 입는 것과, 그래서 세상 속에서 파괴된 '정의'의 회복에 열심을 내는 것은 서로 걸맞지 않은 태도인가?

그렇지 않을 것이다. 이렇게 정리해 보자. 성경에서 '의'를 말할 때, 대략 다섯 가지의 단계가 있다고 할 수 있다. 우선, '하나님의 선물'로서의 '의'(righteousness)이다. 온 세상이 죄와 죽음의 지배 아래 있고, 그 안에 얽혀서 살고 있는 인간이 무슨 노력을 한들, 하나님이 보시기에 합당한 '의'를 인간 스스로의 힘과 노력으로 쟁취할 수 있을 것인가? 불가능한 일이다.

하나님께서 받으실 만한 '의'는 그래서, 하나님께서 친히 그 아들을 통해, 그 아들과 함께, 그 아들을 믿는 자들에게 '선물'(gift)로 주시는 '의'이다. 죄인 된 우리를 '의롭다고 간주'하시는 것이든, 법정에서 선포하는 것처럼 여전히 죄인이지만 그저 '의인으로 선포'하시는 것이든, 스스로의 힘으로 죄와 죽음에서 나올 수 없는 우리를 '의롭다' 하시는 것은, 전적으로 하나님의 선물이요 은혜이다.

둘째는, 그렇다고 성경에서 '의'라는 말이 그저 '선물'로 주어진 '의'에 국한되어 있지는 않다. '의'란 본질적으로 '바른 관계'(right relationship)이다. 하나님과 사람 사이의 바른 관계, 사람과 사람 사이, 그리고 사람과 세상과의 바른 관계를 가리킨다. 생각해 보라. 지극히 거룩하시고 선하신 하나님과 죄뿐인 우리가 서로 '바른 관계' 즉 '의로운 관계'에 들어가려면, 어떻게 해야 하는가?

전적으로 거룩하시고 의로우신 재판장이신 하나님께서, 그런 의를 스스로 취득할 능력이 없는 우리에게 그 '의'를 선물로 주시고 시작하셔야 한다. 그렇지 않은가? 동시에, 죄인

된 우리가 거룩하신 하나님과 '바른 관계'를 맺는 길은 오직, 그 '의'를 언제나 선물로 받는 길뿐이다. 그래서 우리는 하나님께 늘 용서를 구하고 의를 선물로 받는다. 그렇게 하나님과의 '바른 관계'가 시작되는 것이다.

그리고 이렇게 하나님과의 '바른 관계'를 회복하면, 사람은 자기 자신과 이웃 그리고 세상과도 '바른 관계'를 회복하기 시작한다. 자신과 화목하게 되고, 타인을 '지옥'이 아니라 사랑의 대상으로 받아들이며, 세상에서 하는 노동도 단지 생존을 위한 귀찮고 고통스러운 형벌 같은 것이 아니라, 이웃을 복되게 하고 세상을 돌보는 보람된 창조 사역으로 인식하게 된다.

셋째로, 이렇게 하나님과 자신과 이웃과 그리고 세상과의 '바른 관계'가 회복되면, 그 사람은 그 바른 관계들 안에서 점점 더 '의로운 성품'(righteous character)이 형성되고 자라난다. 그래서 '의'의 세 번째 의미는, 하나님께 선물로 받은 의를 통해, 하나님과의 바른 관계에 들어간 하나님의 자녀가, 드디어 '의로운 성품'으로 자라 가는 것을 가리킨다.

죄는 사람을 더욱더 죄인이 되게 만들고, 그런 죄의 악순환은 그를 더욱 악한 성품을 가진 자로 만들어 간다. 반대로, '선물로 받은 의'는 우리로 하여금 하나님과의 '바른 관계' 안에 거하게 해 준다. 또한 자신과 이웃과 세상과 바른 관계를 누리고 그 안에 거하기 시작하면, 마치 논두렁의 수로를 따라 흐르는 시원한 물이, 그 논에 심어 놓은 벼들을 쑥쑥 자라게 하듯, 그 사람 안에 하나님 아버지를 닮은 '의로운 성품'이 꽃피게 된다.

그러면 어떤 일이 일어나는가? 넷째로, 그래서 '의'는 결국 '의의 행실'(righteous acts)의 열매를 맺는다. 위의 예를 계속하자면, 드디어 가을 녘 황금 들판에 출렁이는 잘 익은 벼들처럼 되는 것이다. 그러니까 '의의 행실'로서의 '의'는, 의로운 성품의 결과이다. 말하자면, 그리스도인의 선한 행실, 즉 의로운 행실들은 그저 '율법적 행위들'이 아니라, 하나님께서 선물로 주신 의에 힘입어, 하나님과 이웃과 세상과의 바른 관계 속에서, 의의 성품으로 성장하면서 나오는, 그로부터 맺어지는 열매인 것이다.

자, 그러면 마지막으로, '의'에는 또 어떤 뜻이 들어 있는가? 위의 예를 한 번 더 생각해 보자. 가을에 황금빛으로 출렁이는 잘 익은 벼는 결국 '누구를 위한' 것인가? 그 쌀은 농부뿐 아니라 세상 많은 사람들을 배부르게 할 것이다. 그런 것이다. 이런 차원에서, 성경이 말하는 '의'에는 결국, '의의 질서' 곧 그 회복된 바른 질서 속에 충만하게 들어찬 생명과 영광을 온 열방이 누리는 '풍성한 생명의 충만' 곧 '샬롬'(shalom, '평안')이라는 의미가 포함되는 것이다. 그래서 장차 완성될 하나님의 나라를 '의(義)가 거하는바 새 하늘과 새 땅'(벧후 3:13, 개역한글)이라 하지 않는가!

그러므로 우리가 '믿음으로 의롭다 함을 입었다'라고 고백할 때, 결단코 그것을 두고 '행함으로 구원받지 않았으니 그저 놀아도 된다'는 식으로 생각할 수가 없다. 전혀 그 정반대이다. 은혜로 주신 '의의 선물'을 받아 누리며, 하나님과의 바른 관계 속에서 거하고, 우리의 다른 모든 관계들을 적극적으로 회복해 나아가야 하는 것이다.

그뿐 아니다. 의의 성품에서 꾸준히 성장하여, 결국 선한 일, 의로운 일에 열심을 내는 '하나님의 친백성'(딛 2:14, 개역한글)이 되어, 마침내 모든 열방이 그 '의의 열매'를 먹고 회복되는, 그래서 궁극적으로는 '의와 화평이 거하는' 새 하늘과 새 땅을 바라보며 나아가야만 하는 것이다. 의의 백성인 교회여, 선물에서 샬롬까지, 하늘 아버지의 뜻을 힘써 이루어 드리자.

"우리는 그의 약속대로 의가 있는 곳인
새 하늘과 새 땅을 바라보도다" _ 벧후 3:13

그리스도인이라는 확증

그리스도인의 정체는, 그의 신앙 고백이나 말로는 확증되지 않는다. 직분이나 신앙 경력으로도 확증되지 않는다. 신학을 얼마나 했든, 신학 지식이 얼마나 있든, 그것으로도 확증되지 않는다. 직통 계시를 받았든, 자신이 성령의 본체라 하든, 입신을 했든, 그런 것들로 확증되지 않는다.

'신자'라고 스스로 주장하는 자의 어떤 말이나, 신앙 고백이나, 그의 교회 직분이나, 신앙 경력이나, 신학 지식이나, 직통 계시나, 성령 체험이나, 입신이나 그 어떤 것들도, 그가 정말, 자기 안에 예수 그리스도의 생명을 갖고 있는 자인지, 하나님께로부터 난 자인지 확증해 주지 않는다.

무릇 보이지 않는 것들은, 보이는 것으로 나타난다. 열매와 나무가 다른 종류일 수가 없다. 그것은 주님의 말씀이기도 하고, 신약 저자들의 일관된 증언이기도 하다. 내가 예수 믿고 있다는 확실한 증거는 무엇인가?

그것은 '형제 사랑, 이웃 사랑'의 삶이다. 하나님 아버지를 사랑한다면, 그의 자녀들 또한 사랑할 것이다(요일 5:2). 같은 믿음의 형제들을 실망시키거나 그들에게 수치를 안기거나 고통을 주는 일을 견딜 수 없어 할 것이다.

그러므로 믿음의 형제들을 사랑하지 않으면서, 하나님을 알고 있다든지, 예배한다든지, 정통 신학을 알고 있다든지, 영적 경험이 있다든지, 그렇게 말하는 것은 모두 확인할 수 없는, 증명되지 않는 공허한 주장에 그친다. 하나님을 사랑한다면, 그의 이름이 우리의 이웃들에 의해 짓밟히고 모욕당하는 것을 견딜 수 없어 할 것이다. 세상 사람들이 당신이 믿는 하나님 아버지의 이름을 모욕하지 않도록, 애써 선을 행하고, 기꺼이 양보하고, 차라리 희생하려 들 것이다(벧전 2:12, 18-25; 고후 6:7).

이웃 사랑은 그래서, 당신이 하나님을 사랑하고 있다는 가장 확실한 증거이다. 믿지 않는 이웃들에게, 선한 행실로 하나님의 사랑을 나타내 보이지 않는다면, 당신이 그리스도인이라는 확증은 아직 찾기 어렵다.

보이는 사랑이, 보이지 않는 사랑을 확인해 준다. 보이지 않는 영적 실재에 대한 주장은, 단지 고백과 주장에 그친다. 그것이 진짜라는 증거는, 보이는 형제 사랑, 이웃 사랑밖에 없다. 당신의 보이지 않는 신앙적 실재는, 당신의 보이는 사랑의 삶과 전혀 분리되지 않는다. 당신이 믿는 하나님의 아들 예수 그리스도는 '육체로' 세상에 오셨기 때문이다(요일 2:22; 4:2).

그러므로 그 자신의 신앙 고백이나 교회의 직분이나 신학 지식이나 영적 체험에 대해 떠벌리는 그 어떤 말도 액면 그대로 믿을 수 없다. 아직 믿지 말아야 한다. 우리가 진정으로 믿음의 형제를 사랑하고 있는가. 교회를 위한 덕을 세우고 있는가. 믿지 않는 이웃을 사랑하고 있는가. 세상 사람들 안에서 선을 행하며 덕을 세우고 있는가. 그것이 확실한 증거이다. 그 증거가 없다면, 우리가 그리스도인이라는 아직 확실한 증거는 없다.

> "보는 바 그 형제를 사랑하지 아니하는 자는
> 보지 못하는 바 하나님을 사랑할 수 없느니라" _ 요일 4:20

두 종류의 행함, 두 종류의 믿음

행함에는 두 종류가 있다. 믿음이 없는 행함이 있고, 믿음이 있는 행함이 있다. 믿음이 없는 행함으로는 구원받지 못한다. 율법 아래서 행하는 행함이 그것이다. 하나님 아버지는 예수 그리스도를 '길'로 제시하셨고, 예수 그리스도를 통해 그를 믿음으로 의롭다 하심을 주신다. '율법 외에 한 의'가 나타났다. 예수 그리스도이시다.

그래서 오직 그분을 믿고 의롭다 함을 입은 믿음으로 행해야 산다. 예수님을 믿는 것 외에 다른 믿음은 없다. 예수님 없는 행함은, 수천만 년을 행해도 구원에 이르게 하지 못한다. 아무리 열심히 해도 소용없다. 석고상에 화려한 옷을 입히고 팔다리를 움직이게 한다고 해서, 석고상이 생명체가 되어 살아 돌아다니지는 못한다.

행함만으로는 결코 구원받지 못한다. 그래서 오직 믿음으로 시작한다. 여기에는 비밀이 있다. 하나님의 나라가 '오직 믿음'이라거나 '오직 은혜'라는 진리를 내세워 이 세상에 침투하는 이유는, 하나님과 그분의 아들을 믿는 믿음이나 그분의 주권적 은혜에 기초하지 않은 못된 행실들로 그 나라를 대적하는 모든 강력을 무너뜨려야 하기 때문이다.

그래서 하나님의 나라는 오직 은혜라는 스캔들로, 오직 믿음이라는 어리석고 단순한 방법으로 세상에 침투한다. 하나님의 은혜와 그를 믿는 믿음에 기초하지 않은 인간의 모든 행함과 그 바벨탑들이 다 무너지고 파괴되어야 하기 때문이다.

그러나 일단 하나님 없는 행함의 바벨탑이 무너지고, 드디어 믿음과 은혜의 그라운드 제로(ground zero)에 서게 되면, 그때부터는 그 믿음과 은혜의 기초 위에 '믿음으로 행함'의 성전을 세워야 한다. 거할 집을 짓듯이, 믿음에 기초한 행함에 전력해야 한다. 단지 '믿음만으로는' 구원받지 못한다. 행함이 없는 믿음은 유익이 없다. 단지 기초만으로는 집이 될 수 없는 것과 같다. 기초와 기둥, 벽과 지붕이 함께 합쳐져야 하나의 집이 완성된다. 그런 것이다.

그런데도 혹시 당신은 모든 것이 무너진 그라운드 제로 위에 서서, 그 위로 쏟아져 내리는 폭우와 한밤의 추위에 떨면서 말로만 '오직 믿음'이요 '오직 은혜'를 외치고 있지는 않은가? 여전히 행함으로는 구원받지 못한다고 되뇌면서, 그저 기초만 달랑 있는 신앙으로 스스로를 속이고 있지는 않은가? 아니면 반대로, '행함이 없는 믿음'을 비난하다가 도리어 그 믿음의 기초마저 우습게 여겨, 결국 자신과 세상을 의지하며 모래 위에 집을 짓고 있지는 않은가? 둘 다 망하는 길이다.

오직 믿음으로, 그 살아 있는 믿음의 행함으로, 믿음을 온전하게 하는 길을 가야 한다. 인간이 스스로 기초가 되어 세우는 행함의 집은 가벼운 바람에도 쉽게 날아가 버린다. 그 따위로는 결코 심판의 무서운 홍수를 피할 길이 없다.

그렇다고 기초만 달랑 있는 교회 위에서 세상과 하나도 다르지 않은 삶을 고집해 보아야 곧 쏟아질 청천벽력을 피할 길이 없을 것이다. 오직 예수 그리스도의 믿음 위에 견고히 서서, 오직 그에 합당한 행함으로 자신을 경건하게 세워 가야 한다. "사랑하는 자들아 너희는 너희의 지극히 거룩한 믿음 위에 자신을 세우며"(유 1:20).

> "믿음이 그의 행함과 함께 일하고 행함으로
> 믿음이 온전하게 되었느니라"_ 약 2:22

반석 없는 교회? 지붕 없는 교회?

우리는 '살아 있는 믿음'이 얼마나 중요한지, 그 살아 있는 '믿음의 행함'이 얼마나 중요한지를 눈으로 보고 피부로 느끼는 시대에 살고 있다. '하나님 없는 선행'의 공로로 하나님 앞에 설 자는 없다. 오직 그리스도를 믿음으로 구원을 받는다. 그의 은혜와 긍휼로 구원을 얻는다.

만일 우리가 그리스도를 믿음이 아니라 '율법의 행위'로 구원받는다면, 반석 위에 세운 집이 아니라 모래 위에 세운 집처럼 될 것이다. 홍수가 나면 비에 젖을 뿐 아니라 이런 집은 아예 무너져 버린다. 누구도 하나님의 심판대 앞에서, 자기 행위의 공로로 설 자가 없다.

하지만 선한 행실은 우리의 신앙 속에서 중대한 자리를 차지한다. 선한 행실이 따르지 않는 믿음은 죽은 믿음, 가짜 믿음이기 때문이다. 사실 구원하는 믿음은 행함을 동반할 수밖에 없다. 구원받는 믿음은 '사랑으로써 역사하는 믿음'이기 때문이다(갈 5:6). 신약성경은 구원을 단지 '칭의'로만 설명하지 않는다. 곧 법정적인 맥락에서, 여전히 죄인인데도 오직 그리스도를 믿음으로 '의롭다'고 선포하신 것으로만 설명하지 않는다.

예수님도 그러하셨듯이, 공동서신에서 자주 구원은 '말씀'을 통해서 오는 '생명', 곧 '영원한 생명'이다(약 1:18, 21; 벧전 2:22-25; 요일 1:1; 3:9). 구원은 영원한 생명을 받은 것이다. 그래서 처음부터 끝까지 선물이요 은혜이다. 영원한 생명을 받았다면 자라고 성장하고 드러나고 온전해진다. 자라고 변화하여 성장하지 않는 생명은 없기 때문이다.

그러므로 구원은 현재적으로도 영적 생명의 발현(發現)으로 드러난다. 나팔꽃 씨를 심었는데 맨드라미가 난다면, 그것은 원래부터 맨드라미 씨를 심었다고 추정할 수밖에 없다. 영원한 생명을 얻은 자는, 회개와 거룩함과 경건함으로 자신의 영적 생명을 드러내기 마련이다.

그래서 구원하는 참된 믿음, 살아 있는 믿음에는 반드시 선한 행실이 그 증거요 열매로 따라온다. 또한 그런 살아서 행동하는 믿음은, 세상 앞에서 선한 행실을 도모한다. 세상 앞에서 그 선한 행실은 하나님의 이름을 높이고 하나님께 영광을 돌리게 한다(벧전 2:12). 믿음의 백성은 선한 행실로 세상 사람들을 하나님께로 인도하는 제사장 공동체이다.

그 때문에, 믿음으로 충분하니 선행은 필요 없다 하면, 그것은 분명 '지붕 없는 교회'가 될 것이다. 비바람이 불고 태풍이 오면, 세상과 함께 그 비에 쫄딱 젖을 수밖에 없다. '죄가 더한 곳에 은혜가 더한다'며 강변해도, 그 수치와 모욕을 피할 길이 없을 것이다. 구원을 주시는 하나님의 이름은 땅에 떨어지고, 그분의 영광은 가려지고 말 것이다.

지금은 선한 행실이 믿음 안에서 차지하는 위치를 확인하고, 이에 열심을 내야 하는 시대이다. 교회여, 결단코 '오직 예수, 오직 믿음, 오직 은혜의 기초'를 빼앗기지 말자. 오직 그리스도의 기초 위에 든든히 서자. 동시에, 지붕 없는 교회가 되지 말자. 우리의 선한 행실로 지붕을 얹어, 온전한 교회를 세우자. 기초 돌로 지붕을 얹을 수 없고, 지붕으로 기초 돌을 삼을 수 없다. 믿음으로 행실 없음을 무마하지 말고, 행위로 믿음의 기초를 삼지도 말자. 오직 믿음의 기초 위에 서서, 온전한 행실을 이루자. 교회를 온전히 세우자. 부지런히 세우자.

> "사랑하는 자들아 너희는 너희의 지극히 거룩한 믿음 위에
> 자신을 세우며 성령으로 기도하며 하나님의 사랑 안에서
> 자신을 지키며 영생에 이르도록
> 우리 주 예수 그리스도의 긍휼을 기다리라" _ 유 1:20-21

거듭난 심령의 회복된 양심

마태복음 2장을 보면, 예루살렘에 모인 정치 권력자와 종교인들이 나온다. '유대인의 왕이 나셨다'는 소식에 들썩이고, 선제적 조치를 취하느라 정신이 없다. 하지만 그들은 오래도록 기다려 왔던 그 '왕'을 보지 못한다. 그들의 권력과 지식으로는 도저히 그 '왕'을 만날 수도 찾을 수도 없었다고, 마태는 증언한다.

정치 권력자와 종교인들이 만나지 못했던 '왕'을 만나 알현하고 경배하고 목격한 자들은 뜻밖에도, 이방 점술가들이었다. 동방 박사들로 알려진 이들은, 당시 이방 과학자들이었다. 유대교 지도자들도 아니었고, 정치 권력자도 아니었다. 이들은 천체를 연구하며 이상한 조짐을 예견하고, 그 전조(前兆)를 따라 그 '왕'을 찾으러 온 것이었다.

정작, 구약에 능통했던 자들에게도 알려질 수 없었던 그 '왕'이 태어난 정확한 위치를, 이 이방 과학자들은 별을 관찰하며 따라가 거기에 이를 수 있었던 것이다. 마태복음 2장의 이 이야기는, 참으로 뜻밖의 충격을 준다. 성경을 알고 있는 기독교인들은 종종 자신들이 마치 세상의 모든 진리를 다 아는 것처럼 떠들곤 한다.

이처럼, 그 당시 예루살렘의 신학자들도, 그들이 기다렸던 그 '메시아'에 관해서라면 자신들이 최고의 전문가라고 여겼을 것이다. 하지만 그들이 몰랐던 메시아가 태어난 장소를 알아냈던 이들은, 당시 천문학을 연구했던 이방 과학자들이었다. 가장 유대적인 복음서인 마태복음이, 이런 식으로 유대적 전통에 익숙한 자들을 '물 먹이는'(?) 내러티브를 적고 있다는 것은 충격적이기까지 하다.

오늘날 세상을 돌아보면, 정말, 진실을 붙들고 있는 사람들은 누구인지, 다시 생각하게 된다. 정말 세상의 불의에 통곡하며 '정의'를 붙들고 놓지 않는 사람들은 기독교인들인지 세상 사람들인지, 생각하게 된다. 정말 강도 만난 자의 처참하고 비통하고 절박함에 함께 눈물 흘리며, 함께 그 고통에 참여할 뿐 아니라, 진실과 정의를 향해 나아가는 수고를 아끼지 않는 사람들이, 전부 기독교인들은 아니라는 사실이, 당연한데 새삼 놀랍다.

신앙이 있다고 해서 반드시 양심의 측면에서 회복되었거나, 세상 사람들보다 탁월한 것은 아니다. 정말 살아 계신 주(主)를 뵈옵고 그분을 경배하는 일에 있어서, 신앙인들은 어쩌면 스스로의 눈이 멀어 있다는 사실도 잘 모를 수 있다. 하늘로부터 오는 계시의 빛이 적어도 모든 사람 안에 있는 양심의 빛보다는 밝아야 할 텐데, 그런데 그것이 자주 그렇지 않게 보인다는 것이 부끄럽다. 하나님께서 우리를 그리스도인으로 부르신 것은, 결국 '참된 사람'으로 회복되라 하심이다. 거듭난 신앙인은 양심에 있어서도 온전히 회복되어야 한다.

"선한 양심을 가지라 이는 그리스도 안에 있는
너희의 선행을 욕하는 자들로
그 비방하는 일에 부끄러움을 당하게 하려 함이라" – 벧전 3:16

확인

목자는 성도 편에 선다. 삯꾼은 자기편에 선다.
목자는 교회 편에 선다. 삯꾼은 자기편에 선다.
목자는 주님 편에 선다. 삯꾼은 자기편에 선다.
자기를 위할지 양 무리를 위할지 택할 때가 오면,
그가 삯꾼인지 목자인지가 드러난다.
아이를 둘로 쪼개라고 하면 진짜 엄마는
아이를 포기한다. 아이를 살려야 하기 때문이다.
예수가 자신 안에 살아 있으면, 예수의 몸을 찢거나
예수의 이름을 더럽히지 못할 것이다. 그래서
자기를 택할지 하나님의 이름을 택할지
갈릴 때가 오면, 자신이 목자인지 삯꾼인지
그 선택이 그 자신에게 알려 준다.

확인이 곧 심판이다.

"나는 행함으로 내 믿음을 네게 보이리라"_ 약 2:18

우리의 '칭의' 신앙

우리 신앙의 근간인 '칭의 신앙'(justification by faith)을 돌아볼 때이다. 칭의란, 오직 그 아들을 믿음으로 죄 사함받고 의롭다 함을 얻는 것이다. 오직 믿음이요, 오직 은혜이다.

'칭의와 자기 의(義)' - 그런데 언제부터인가, 우리 안에 '자기 의'의 가라지가 올라왔는지도 모른다. 칭의 신앙에 있어서, '자기 의'는 죽이는 독(毒)이다. 믿음으로 은혜받고 승리하고 나오면, 그 독버섯 같은 '자기 의'가 생긴다. 누구에게나 말씀을 의지하고 목숨을 걸고 믿음을 통해 이룬 승리는 늘 반복하게 되는 '무용담'이다. 문제는, 오직 하나님의 은혜에 대한 간증이 어느덧, 그런 경험을 함께한 우리 자신의 자랑과 권리 주장의 근거가 되어 버리는 것이다.

하나님의 은혜였지만 그것을 자신이 세웠다고 말하기 시작하면, 그때부터 자신이 세운 것을 자기 손으로 다 허물 때까지, 수치와 고통을 피하지 못한다. 수치와 고통을 멈추려면, '내가 했다. 우리가 했다. 우리 세대가 했다. 교회가 했다'는 공로 의식을 버려야 한다. 그리고 하나님을 믿고, 이웃을 믿고, 새로운 세대를 믿고 그들의 밑거름이 되어 주어야 한다. 자연은 만물을 길러 내지만 스스로 공(功)을 내세우지 않는다. 성경은, 저주를 축복으로, 핍박을 사랑으로 갚는 교회가 되라고 가르친다. 최소한, 모든 것을 주었어도 공을 내세우지 않는 겸허함을 가진 교회가 되었으면 좋겠다. 그것이 교회가 사회의 존경을 회복하는 첫걸음이 될 것이다.

'칭의와 정의 코드' - 교회는 종종 칭의 신앙에서 '의'가 법정적으로 주어진 선물이라는 이해에 머물러 있기 때문에, 구약과 신약에서 공히 '의'(righteousness)가 '정의'(justice), 곧 모든 '바른 관계'를 포함한다는 사실을 자주 잊는다. 하지만 '칭의'의 '의'(義)를, 성경을 따라 더 온전하고 균형 있게 이해하지 못한다면, 우리의 신학과 신앙, 교회가 나아갈 길은 계속 막혀 있을 것이다.

'자유'만이 성경적 가치는 아니다. 자유와 함께 '정의'도 뚜렷한 성경적 가치이다. '자유'라는 이름으로 우리는 얼마나 그 자유를 남용해 왔는가? '정의'의 요구를 피하기 위해, 그 '자유'로 온갖 악을 덮는 것을 사랑이라고 말해서는 안 된다(벧전 2:16). 사랑은 모든 허물을 덮지만, 주께서는 그 허물을 덮기 위해서 하나님께서 요구하시는 의로운 삶을 사셨고, 이웃을 위한 의로운 사랑의 희생 제물이 되어 주셨다. 정의 없는 사랑은 기만이고, 사랑 없는 정의는 공허하다. 교회는 사랑과 정의를 서로 충돌하는 것으로 생각해서는 안 된다. 우리가 힘입은 구주 예수 그리스도의 '의'는, 장차 새 하늘과 새 땅에 거하는 그 '의'와 다르지 않다. 그것은 '의의 회복'의 시작과 끝일 뿐이다(벧후 1:1; 3:13).

'칭의의 사회적 의미' - 자신의 행위가 아니라, 그리스도를 믿음으로, 은혜로 구원받는다고 설교하면서, 교회 안에 온갖 차별이 존재한다면, 그것은 아직 칭의의 복음을 온전히 배우지 못한 것이다. 신약 시대와 초기 교회는, 칭의의 복음으로, 유대인과 이방인을, 부자와 가난한 자를, 남자와 여자를, 모두 그리스도 안에서 하나님의 형상으로 대접했다. 그것은 당시 유대 사회나 로마 사회 속에서, 놀랍고도 강력한 사회-문화 변혁의 동력으로 나타났고, 전혀 새로운 코이노니아 공동체의 출현을 가져왔다.

칭의의 복음은, 수직적으로 죄인이 하나님께 받아들여진 은혜의 복음이지만, 수평적으로는 더 충격적인 공동체를 창출한 사회적 화해의 능력이었다. 1세기 로마 제국 안에 어디 그런 공동체가 있었던가? 유대인과 헬라인, 주인과 노예, 부자와 가난한 자, 남자와 여자의 차이를 넘어서서, 공동체 안에서 하나님의 거룩한 집, 성전이 되어 버린 그곳, 거기가 교회였다.

수직적인 칭의만큼, 수평적인 칭의의 의미, 칭의의 사회적 의미를 충분히 설교하고 가르치고 진지하게 실천해야 할 때이다. 교회 안에 무슨 '좌우'가 있으며, '혈연'이 있으며, '학연'이 있으며, '지연'(地緣)이 있는가? 세상의 죄를 지적하기 전에, 교회 안에서 세속적 차별을 극복하는 이신칭의의 사회적 차원을 온전하게 실현하려는 노력이 있어야 한다. 그렇지 않다면, 어떻게 교회가 세상에 희망을 주는 빛의 공동체로 드러나게 되겠는가?

갈 길이 멀고 아득하다. 이미 희망을 주고 있는 선한 교회들도 많다. 곳곳에서 우리의 과거와 해결해야 할 과제를 명확하게 집어내고, 회개하고 돌이키는 수고의 걸음들이 더욱 많이 일어나기를 기도한다. 회개는 가던 길에서 돌이키는 것이다. 돌이키지 않는다면, 다른 길이 나오지 않을 것이다. 이 시험의 때에 주께서 우리에게 무엇보다 지혜와 인내를 더하시기를 간구한다(약 1:2-5).

"너희는 유대인이나 헬라인이나 종이나 자유인이나 남자나 여자나 다 그리스도 예수 안에서 하나이니라" _ 갈 3:28

제 2 장

어떻게 살 것인가?
세상 앞에 선 교회

그리스도인은 일주일 가운데 대부분을 세상에서 산다. 목회자의 입장에서는 '교회 안의 성도'로 보이겠지만, 성도의 입장에서는 '세상에 있다가, 교회에 찾아오는' 것처럼 느낄 것이다. 특별히, 오늘날 우리 시대의 그리스도인들은 세상 속에서 쉽게 눈에 띄기도 하고, 주목을 받으며, 자주 적대감을 경험하고, 이따금씩 비난의 눈초리도 받으며 살아간다.

세상 속에서 그리스도인으로 살아간다는 것은 어떤 것인가? 어떻게 살아가야 하는 것인가? 고민이 되지 않을 수 없다. 교회로서도 세상 속에서 더 긍정적으로 비쳐지면 좋을 것 같다. 어떻게 하면 우리가 믿는 바를 잘 붙들고 전하면서도, 세상과 잘 소통할 수 있을까? 사실, 그리스도인의 진짜 무대는 교회가 아니라 세상이다. 하나님께서 그 아들을 '세상에' 보내셨다. 그 세상 안에, 우리처럼, 하나님께서 찾으시고 돌이키고 싶어 하시는 열방이 있기 때문이다.

세상을 지나가는 '제사장 공동체'

바다로 나간 교회

교회의 참된 기초는 예수 그리스도뿐이다. 세상이 아무리 이를 갈고 달려들어도 예수 그리스도의 교회는 무너지지 않는다. 그분의 은혜는 온 세상의 비난보다 강하다. 교회는 그리스도의 은혜를 선포한다. 그분이 의롭다 하신 자들을 누가 정죄하랴.

그래서 하나님의 은혜는 '놀라우신'(scandalous) 은혜이다. 그 어떤 비난도 예수께서 흘리신 보혈(寶血)을 무효화하지 못한다. 우리는 세상의 비난에 대해 어떠한 태도를 취하는가? 우리 자신의 부족함을 느끼는 것과 예수 그리스도의 교회임을 선포하는 것은 별개의 문제이다. 세상이 온갖 비난을 쏟아부어도, 예수 그리스도의 교회는 그 보혈의 은혜 속에서 여전히 맑고 깨끗한 주의 신부이다. 이미 거룩해졌으며, 지금도 거룩해지고 있고, 장차 온전히 거룩해질 교회이다.

교회의 참된 기초는 예수 그리스도뿐이다. 사망의 권세도 교회를 흔들지 못한다. 재난도, 전쟁도, 국가도, 민족도, 궁극적으로 우리 주 예수 그리스도의 교회를 흔들지 못한다. 교회가 안정적으로 신앙을 유지하기 위해서, 정치와 경제가 평안한 것은 좋지만, 교회가 마치 정치적 안정이나 경제적 풍요나 민족적 합의 위에 서 있는 것처럼 의존적이 되어서는 안 된다. 교회는 오직 예수 그리스도 위에 서 있기 때문이다.

하지만 오늘날 자신의 기초를 엉뚱한 곳에 두는 교회들이 있다. 바다 위에 떠 있는 파편처럼, 시류(時流)와 거짓의 파도에 부표처럼 떠다니는 교회들이다. 이들은 부활하신 예수와 승리하신 예수를, 십자가의 길을 가심으로 악을 정복하신 고난의 예수와 편리하게 분리한다.

그래서 악(惡)에 무방비 상태로 노출된다. '응답으로 받은' 풍요와, 그 풍요를 간구하는 가난 속에서 스스로 비참해진다. 세상과 함께 춤추는 교회인 양, 세상이 웃을 때 같이 웃고, 세상이 울 때 같이 운다. 예수께서 우실 일에 같이 울고, 예수께서 기뻐하실 일에 같이 기뻐하는 교회가 아니다. 이들은 세상이 흔들릴 때 같이 흔들리고 세상의 안녕을 위해 몸 바쳐 충성하는 '세상의' 교회가 아닌가?

교회의 유일한 기초는 예수 그리스도뿐이다. 유일한 기초를 버리고 바다로 떠나는 교회들이여, 유일한 기초 되신 예수의 길로 돌이키라. 부활하시고 하늘에 오르신 그분이 이 땅에서 걸어가셨던 그 길 위에 굳게 서 있으라. 오늘날 교회는 어디에 발을 딛고 서 있는가. 무너지지 않을 반석 위에 서 있는가? 파도 위에 떠 있는가?

"이 닦아 둔 것 외에 능히 다른 터를 닦아 둘 자가 없으니
이 터는 곧 예수 그리스도라"_ 고전 3:11

교회여, 두 마음을 버리라!

우리는 어디에 있고 또 어디로 가는가? 이 시대의 하나님은 종종, 마치 돈을 넣고 원하는 상품을 제때 내놓지 않으면 사람들이 손바닥으로 마구 치고 흔들어대며 발로 차는 자판기처럼 대접받으신다. 하나님의 교회가 이곳저곳에서 패배하고, 적군의 포로가 되어 온갖 조롱과 모욕을 뒤집어썼다는 소문이 무성하다. 이제는 성도가 자신이 그리스도인임을 밝히는 일조차 어느새 '부끄러운' 일이 되어 버렸다. 어찌하다 이리 되었는가?

한국 교회는 춥고 굶주리고 무지하고 어둡기만 했던 5, 60년대를 지나 폭풍 성장의 70-90년대를 보냈다. 진실로, 예수 잘 믿어서 정녕 '젖과 꿀이 흐르는 땅'에서 살게 되었다.

예수 믿고 잘되지 않은 개인, 민족, 나라를 찾기가 어렵다. 우리도 그리 된 것이다.

하지만 왠지 이 '축복'이 '저주'가 되고 있다. 이스라엘이 젖과 꿀이 흐르는 은혜의 땅에서 망한 이유가 무엇이었던가? 그들이 그 이방 족속들 안에서 '하나님의' 백성으로 살지 않았을 뿐 아니라, 도리어 '우리도 다른 나라들같이 되어'(삼상 8:20) 세상 사람들처럼 살게 해 달라는 그들의 '절절한' 열망 때문이 아니었던가.

사실 이스라엘은 한 번도 하나님을 향한 예배를 그만둔 적이 없었다. 다만 하나님과 함께 언제까지나 세상의 우상들을 붙들었고, 항상 그 '둘 다'를 섬기고자 했을 뿐이었다. 그리고 그것이 그들의 치명적인 두 마음의 죄악이었다. 야고보서는 그래서 오늘날 '지붕 없는 교회들'을 위한 서신이다. 우리의 교회도 크게 다르지 않기 때문이다. 우리의 소원도 예수 믿고 세상 사람들처럼 '잘되는 것'이다. 예수 믿고 세상 사람들의 기준대로 '소원 성취'하는 것이다. 그렇게 가르치지 않는가.

그래서 그렇게 잘되고 소원을 성취했는데, 그 풍요와 자유 속에서 점점 쇠락해져 간다. 영적 생명이 빠져나간다. 하나님과 함께하지 않고, 하나님께서 함께하실 수 없기 때문이다. 복으로 얻은 그 풍요와 자유로 우리의 악을 덮기 때문이다. 그리고 그 악(惡)이 독버섯처럼 자라 나와 우리 자신을 쓰러뜨리려 한다. 세상 한가운데에서 거룩히 여김을 받으셔야 하는 하나님의 이름이 모욕당하고 조롱거리가 된다. 그야말로 축복이 곧 저주가 되어 간다.

하나님의 양 무리인 교회는 진정 잘못 가고 있다. 당신과 나는 잘못된 길로 들어섰다. 야고보는 잠시 세상 속에서 머물러야 하는 교회가 가장 우선적으로 해결하고 짚고 넘어가야 하는 결정적인 문제가 '두 마음'임을 지적한다. 교회가 하나님도 섬기고 세상의 탐욕도 섬길 수는 없다. 모든 선하고 온전한 것은 하나님에게서만 오기 때문이다.

그리고 그것으로 족하다. 그렇지 않다면 세상 속에 있는 교회는 하나님의 뜻을 이루지 못한다. 도리어 그들이 품은 두 마음은 교회 자신을 파산시킨다. 교회의 '두 마음'은 이 시대의 기독교를 패배 속으로, 혹은 기나긴 포로기로 몰아넣는다. 야고보는 목이 터져라 애타게 외친다. 세상 속에 있는 교회를 향하여 간절히 부르짖는다. "교회여, 사랑스러운 신부여, 두 마음을 버리라!"

"두 마음을 품어 모든 일에 정함이 없는 자로다"_ 약 1:8

하나님의 이름 - 우리 시대의 사명

이 시대를 살아가는 성도들이 반드시 기억해야 하는 사명이 있다. 그것은 일차적으로 교회 건축도, 전도 폭발도, 세계

선교도 아니다. 그런 것들 이전에 먼저 해결해야 할 숙제가 있다. 그것은 '하나님의 이름'이다.

각 지역으로 흩어져 거기서 세상을 대면하고 있는 하나님의 교회는, 그들이 세상 한복판에서 살며 짊어지고 있는 그 '하나님의 이름'을 의식해야만 한다. 만일 그 이름이 땅에 떨어져 사람들의 발에 밟히면, 결국 교회 자신도 밟히고 버려질 것이다. 교회의 명운(命運)이 그들이 짊어진 그 아름다운 이름에 있다.

주님은 자신의 거룩한 이름을 아끼신다. 열방 중에 높아지셔야 하는 그 크신 이름을 아끼신다. '내가 나의 거룩한 이름을 아꼈노라'라고 말씀하신다. 죄 많은 그의 백성이 이 땅에서 목숨을 부지하는 이유는 하나님이 그 자신의 이름을 아끼시기 때문이다.

그래서 다윗을 통해 이스라엘은 이렇게 기도했다: "자기 이름을 위하여 의의 길로 인도하시는도다." 주님께서 가르치신 기도의 최우선순위도 마찬가지이다: "하늘에 계신 우리 아버지여 이름이 거룩히 여김을 받으시오며."

하나님의 이름을 기억하고 그 이름의 영광을 기억하는 것, 그것이 이 시대의 사명이다. 잊지 말자. 당신과 내가 아무도 모르게 저버린 하나님의 말씀 때문에, 마귀는 춤을 추고 온 우주는 흔들린다. 그리고 잠시 후, 세상은 땅에 떨어진 하나님의 말씀을 보게 된다.

당신과 내가 외로이 광야에서 순종한 그 하나님의 말씀 때문에, 천사들은 춤을 추고 다시 온 우주는 흔들린다. 그리고 잠시 후, 세상은 하늘 위에 높이 들린 그 아름다운 이름을 목격하게 된다. 그분의 이름이 곧 열방의 구원이다. 교회여, 그 이름이 땅에 떨어지지 않게 하라.

"하늘에 계신 우리 아버지여 이름이 거룩히 여김을 받으시오며"
_ 마 6:9

선한 행실, 왜 필요한가?

'오직 믿음'인데, 왜 굳이 '선한 행실'을 해야 하는가? 어리석은 질문 같지만, 실제로 꽤 자주 드는 의문이다. 이런 생각을 빌미로 자꾸 죄를 정당화하며, 하나님의 말씀의 수준에 미달하는 자신을 얼마든지 용납하고 변명하기 때문이다. 물론 우리는 모두 약하기 짝이 없다. 그래서 실수는 불가피하다. 선행을 구원론의 테두리에서만 생각하면, 선행이란 그럼에도 불구하고 우리를 구원하시는 하나님의 신실함에 대한 인간의 허튼 수작에 불과해진다.

그래서 어떤 이들은 신자의 선한 행위가 결국은 구원을 결정짓는 요소라고 주장하려 든다. 인기는 없지만, 그리고 의혹의 눈초리를 받지만 여전히 이렇게 주장하려는 사람들이 있다. 선행이 구원의 조건이 아니라면, 즉 꼭 선행을 해서 당신이 구원받는 것이 아니라면, 왜 굳이 당신이 일터에서 정직해야 하며, 가정에서 사랑과 순복을 행하며, 악한 사람들을 만나도 은혜를 끼치는 사람이 되어야만 하는가?

베드로는 조금 다른 각도에서 설명한다. 하나님의 영광이다. 우리가 구원받았다면, 구원받은 우리 안에는 점점 더 하나님의 영광을 사모하는 불붙는 열정이 생겨난다. 그것은 일찍이 모세가, '내 이름은 생명책에서 지워도 좋지만, 하나님께서 애굽에서 건져 내신 이 백성은 쓸어버릴 수 없습니다. 열방이 하나님의 이름을 어떻게 생각하겠습니까!'라고 했던 것과 같은, 하나님의 영광을 향한 그 주체할 수 없는 열정이다.

내가 지옥에 떨어져도 상관없지만 내 백성은 구원해 달라고, 하나님의 이름이 땅에 떨어져 짓밟히는 것은 도저히 볼 수 없다는 그런 마음이다. 구원을 확신하는 우리에게 그런 마음이 있는가? 애국자 없는 나라는 망한다. 하나님의 나라도 애국자를 원한다. 하나님의 이름이 세상 앞에서 땅에 떨어져 짓밟히는 것을 보고 다윗은 분개했다.

그는 자신의 패배한 백성들과 함께 굴욕을 당하는 그 '만군의 여호와의 이름으로' 겉으로는 상대가 되지 않는 골리앗을 향해 달려갔다. '만군의 여호와의 이름'으로. '거룩한 주의 이름'으로. 그 이름의 영광을 사모하여 자신의 모든 것을 내주는 자, 그 이름이 거룩히 여김을 받는 일이라면 자신의 모든 것이라도 내줄 그 사랑. 그것이 구원받은 자의 증거이다.

진정으로 구원받았다면, 그의 속에 하나님의 이름을 사모하는 뜨거운 사랑이 살아 있을 것이다. 그래도 물을 것이다. 그렇게 살지 않으면 구원이 취소되나요? 명확한 것은, 구원은 나를 위한 것이지만, 구원받은 나는 그분의 영광을 위한 것이다. 구원론 논쟁의 블랙홀에서 빠져나오라. 하나님의 영광의 세계로 들어오라.

> "너희가 이방인 중에서 행실을 선하게 가져
> 너희를 악행한다고 비방하는 자들로 하여금
> 너희 선한 일을 보고 오시는 날에
> 하나님께 영광을 돌리게 하려 함이라" _ 벧전 2:12

바른 성경 해석에 뿌리내린, 신적 성품의 교회

강의를 하면서 종종, 한국 교회를 CT로 촬영하면 베드로후서가 나올 것이라고 말하곤 했다. 이 시대의 로마서는 베드로전서이고, 이 시대의 갈라디아서가 있다면, 그것은 베드로후서일 것이라고도 했다.

로마서가 '율법 아래'로부터 '그리스도 안으로' 들어오는 복음의 사건을 다룬다면, 갈라디아서는 그리스도 안에 있는 교회가 다시 '율법의 행위'로 말미암아 율법 아래로 되돌아가는 교회의 '퇴행적 위험'을 다룬다.

유사하게, 베드로전서가 '썩지 않고 더럽지 않고 쇠하지 아니하는 나라'(벧전 1:4; 벧후 3:11-14)를 받고 세상 속을 '나그네와 행인'으로 지나가는 교회를 다룬다면, 베드로후서는 다시 그 '썩어지고 더럽고 허무한 세상으로 되돌아가는'(벧후 2:20) 교회의 퇴행적 증상을 다룬다.

어쩌면 한국 교회는 이미 베드로전서를 지나, 베드로후서의 상황에 들어와 있는 듯하다. 교회를 다시 세상의 '더러움과 썩어짐' 속으로 끌고 들어가는 것은, 교회 안의 거짓 교사들이기 때문이다.

'거짓 교사'(false teacher)는 '이단'(heresy)과는 다르다. 이단은 명확히 예수 그리스도를 부인하고, 그래서 교회 밖에 있다. 거짓 교사는, 그 정체가 '저주의 자식'이요 '성령은 없는 자'이나, 입으로는 예수 그리스도를 주(主)로 고백하고 교회 안에 머문다(벧후 2:1, 14; 유 1:4, 19).

이단이 교회에 주는 타격보다 거짓 교사들이 주는 타격이 큰 이유가 여기에 있다. 거짓 교사들은 교회 안에 있어서, 분간이 잘 되지 않기 때문이다. 그들이 가르치는 거짓 가르침과 부패한 행실은 모두 교회의 것으로 비쳐진다. 그래서 그들은 '교회의 점과 흠'(벧후 2:13)이 되며, 세상 앞에서 '진리의 도가 비방'(벧후 2:2)받게 하는 결과를 가져온다.

게다가 거짓 교사들의 거짓 가르침과 부패한 행실은, 교회 안의 성도들에게도 쉽게 오염된다. 종말과 이웃을 잊은 무법(無法)하고 세속적인 가르침, 끝 간 데 없는 교만, 오직 탐욕, 방종과 실족의 바이러스를 퍼뜨린다(벧후 2장). 전염병과 유사하다. 몸 안에 들어와서 몸 전체를 마비시키는 것처럼 말이다.

그런데도 왜 교회는 베드로후서와 같은 성경을 기피할까? 그것은 병든 자가 의사에게 가기를 싫어하는 것과 유사하다. 거짓 교사들의 가르침과 부패한 행실에 대해 살펴보면, 그것이 목회자나 성도 자신의 연약한 면들과 중첩되는 면들이 있다. 그래서 목회자도 설교하기 껄끄럽고, 성도들도 잘 읽게 되지 않는다.

하지만 전염병을 피하는 가장 좋은 방법이 백신을 맞는 것이듯이, 거짓 교사들에 대한 묘사와 심판을 우리 자신에 대한 경계로 읽어야 한다. 더 많은 거짓 교사를 만나 호되게 당하는 것보다, 베드로후서의 진단과 처방을 직시하는 편이 낫다.

교회 안의 거짓 교사들을 몰아내는 해법으로 베드로후서가 제시하는 것은, 두 가지이다. 첫째는 성경의 바른 해석이고(벧후 1:12-21), 둘째는 신적 성품에 참여하는 것이다(벧후 1:2-11). 뒤집어 말해서, 교회가 이 두 가지를 잘 해내지 못하면, 거짓 교사를 단죄하고 대사회적으로 사과를 해야 하기도 하지만, 그럼에도 교회 내의 근본적인 문제는 해결되지 않는다는 뜻이다.

베드로후서는, 교회가 '바른 성경 해석'으로 돌아가지 않으면 안 된다고 가르친다. 바른 성경 해석이란 무엇인가? 그것은 뒤집어 말하면, 거짓 교사들의 성경 해석의 특징이 무엇인가를 묻는 것이다.

거짓 교사의 가장 큰 특징은, '자의적인, 제멋대로의, 사적인'(ἰδίας, 이디아스) 해석이다(벧후 1:21). '자신의 사적 욕망'이 그들의 해석학의 출발이요, 방법이요, 결과이고 목적이다. 아무리 성경을 읽고, 해석하고, 설교해도, 그들은 자신의 욕망을 정당화할 뿐, 결코 그것을 바꾸지 않고, 바꾸지 못한다.

거짓 교사들이 그들의 거짓 가르침과 함께 조장하는, 교만과 탐욕, 비도덕적이고 무법한 행실의 유혹과 선동은 어떻게 극복할 수 있는가?

베드로후서는, '바른 성경 해석'의 회복과 함께 '신적 성품'(divine character)의 성장이라는 백신을 처방할 때만 이겨 낼 수 있다고 가르친다. 결국, 교회가 거짓되고 속되고 악한 가르침과 부패한 행실의 유혹을 이겨 내는 것은, 그 무엇도 아닌 교회의 '신적 성품'이라는 것이다. 교회의 날개 없는 추락을 막는 방법은, 여전히 다시 말씀으로 돌아가는 것이다.

베드로후서는, 교회 안의 거짓 교사들을 몰아내는 길은 교회가 '성경적인 성경 해석'으로 돌아가는 데 있다고 가르친다. 그들의 악한 행실과 선동을 이기는 실제적 힘은, 교회의 '신적 성품'에서 나온다. '악덕(vices)의 공동체'가 아니라, '덕들(virtues)의 공동체' 곧, '신적 성품의 교회'로 성장해야 한다는 것이다.

베드로후서가 필요했던 1세기의 교회도 지금 우리와 똑같은 일들을 겪었을 것이다. 교회의 '점과 흠'이 된 거짓 교사들의 활동으로, 복음의 길이 비방을 받고, 교회가 다시 세상의 더러움과 썩어짐에로 끌려 들어간 것이다. 이 깊은 뿌리를 파내고 잘라 내는 일은, 성경에의 헌신과 성령의 지혜, 교회의 인내를 요구한다. 더딜 것이지만, 말씀이 제시하는 길밖에 없다. 다른 길이 있는가?

> "이로써 그 보배롭고 지극히 큰 약속을 우리에게 주사
> 이 약속으로 말미암아 너희가 정욕 때문에
> 세상에서 썩어질 것을 피하여
> 신의 성품에 참여하는 자가 되게 하려 하셨느니라" _ 벧후 1:4

예배당 건축을 '성전 건축'이라 부르지 말라

성도가 모이는 건물인 '예배당'을 두고 '교회'라 하지 말아야 한다. 비성경적이기 때문이다. 더 적극적으로, 예배당 안에 모인 '성도'(聖徒)를 향해 '교회'라 불러야 한다. 목회자가, 설교자가 먼저 그렇게 해야 말씀대로 생각이 바로잡힌다. 그래야 교회 성장이란 곧 성도들의 성장, 성도들이 교회의 머리이신 예수님의 장성한 분량까지 성장하는 것을 의미하게 될 것이다.

그래야 큰 교회, 큰 목사님이란 예배당이 크고 사람들이 많이 모인다는 뜻이 아니라, 성숙한 성도를 많이 세운 목사님이 큰 교회, 큰 목사님이라는 바른 인식이 생길 것이다. 예배당과 교회도 구분 못 하는 미숙한 목회자, 미숙한 성도가 되지 말아야 한다.

말씀을 따라 말의 습관을 고쳐야 한다. 교회는 예배당이 아니다. 교회 성장은 예배당 증축이 아니다. 교회 성장은 성도가 예수 그리스도를 닮아 가는 측면의 성장과 성숙이다. 큰 교회란 예수님을 닮은 성도들로 가득 찬 교회이다. 누가 큰 교회, 큰 목사인가?

마찬가지로, '성전 건축'이라는 용어는 사라져야 한다. 단지 예배당 건축일 뿐이다. 필요하면 예배당 건축을 해야 할 것이다. 하지만 그것 자체로는 감히 '성전 건축'이 되지 못한다. 성전은 예수님의 몸이요, 예수님과 연합한 성도들뿐이기 때문이다.

돌로 지은 성전은 무너졌고, 다시 지을 일도 없다. 예루살렘에 다시 짓는다는 제3의 돌집이나, 오늘날 그 크고 우람한 이 땅의 돌 예배당은 신약에서 한 번도 그 거룩한 하나님의 집, 성전으로 불린 적이 없다. 복음에 반역하지 말아야 한다. 말씀을 거스르지 말아야 한다.

예배당은 성전이 아니고, 예배당 건축도 성전 건축이 아니다. 착각하지도 말고 착각하게도 말아야 한다. 교회는 실로 예수 그리스도로 충만하게 하는 진짜 건축에 힘써야 한다.

성경을 모르는 무식함과 부끄러움에서 벗어나야 한다. 우리의 말을 바꾸어야 한다.

말씀에 따라 우리의 말을 고쳐 잡아야 한다. 말씀에 따라 말이 바뀌어야 삶이 바뀌기 때문이다(약 3:1-18). 콘크리트 건물은 성전이 될 수 없다. 살아 계신 예수님이 돌부처가 아니듯이, 살아 있는 성도가 벽돌이 아니듯이, 성전은 예배당이 아니다. 속이지 말고, 스스로 속지도 말아야 한다. 지금도 '산 돌'이신 예수님을 머릿돌로 삼아 살아 있는 성전을 건축해 가시는 성삼위 하나님만 따라가야 한다.

성전은 성도이다. 하나님이 친히 예수 그리스도로 말미암아 거기에 임재하시는 성도들 자신이다. 아는 것을 말하고 행하여 혼돈과 거짓 뒤에 숨어 있는 우리의 죄악을 버리자. 하나님께서 이루신 복음의 역사를 허물고 되돌리는 악한 일을 하지 말자. 예배당을 성전이라 부르는 습관을 버리자. 복음의 회복은 작지만 강력하고 파괴적인 오류를 말씀으로 바로잡는 데서 시작하기 때문이다.

"너희는 사도들과 선지자들의 터 위에 세우심을 입은 자라
그리스도 예수께서 친히 모퉁잇돌이 되셨느니라
그의 안에서 건물마다 서로 연결하여 주 안에서 성전이 되어 가고
너희도 성령 안에서 하나님이 거하실 처소가 되기 위하여
그리스도 예수 안에서 함께 지어져 가느니라" _ 엡 2:20-22

기름 부음받은 주의 종

오늘날 교회에 만연한 병(病) 중의 하나는 근거도 없이 구약으로 돌아가 버리는 새 언약 백성, 곧 신약 교회의 퇴행적 행태이다. 율법을 성취하고 완성하신 예수님을 믿으면서도, 실제로 교회 구조를 세우거나 신앙생활을 할 때는, 예수님이 오시기 전 구약의 율법 아래 사는 것처럼 행동한다. 누가 '기름 부음받은 종'인가? 구약에서는 선지자나 제사장이나 왕이 기름 부음을 받아, 하나님의 택하심과 사명을 받았다면, 신약에서는 누가 기름 부음받은 종인가?

예수님께서 세례를 받으시고 물에서 올라오실 때에, 하늘이 열리고 성령께서 직접 그분 위에 내려오셨다(마 3:15-17). 하나님께서 친히 '성령으로 기름 부으신' 왕이요 하나님의 종이라는 뜻이다(시 2:7; 사 42:1). 예수를 믿고 성령을 받은 모든 성도가 '하나님의 종'이 되는 새 언약 시대가 열린 것이다(행 2:17-18).

성경을 보라. 오늘날, 성도가 자신이 누구인지, 하나님께서 주신 특권과 사명을 제대로 알지 못하는 것처럼 큰 비극이 따로 없다. 어쩌면 그것이 문제의 가장 큰 원인인지도 모른다. 성도가 '하나님의 종들'이요, '왕 같은 제사장'들이다(벧전 2:9, 16).

만일 목회자만 '제사장'이고 성도들은 구약처럼 백성이라면, 주일 예배 때, 설교단에서 동물 제사도 꼭 드리시라. 어떤 동물이든 메고 와서 칼로 잡고 설교단 위에 피를 흘리시라. 예수께서 영원한 속죄 제물이신 것은 믿으면서, 교회의 삶에서는 구약 율법을 편의대로 남용하는 것은, 하나님께서 하신 위대한 구원 사역을 거꾸로 되돌리는 일이다.

성도가 깨어 있어야 한다. 목회자만을 '주의 종'이라 부르지 말라. 목회자만을 '제사장'이라 부르지 말라. 그것은 성도를 '주의 종' 삼으시고 성도를 열방의 '제사장' 삼으신 하나님을 욕되게 하는 일이다.

정직한 목회자라면, 성도를 '주의 종들'로 모실 것이다. 성경을 바로 아는 목회자라면, 성도를 세상 속의 '제사장들'로 세울 것이다. 진실한 목회자라면, 성도를 하나님의 뜻을 이루어 하나님을 기쁘시게 하는 '주의 종들'로 세우려 할 것이다. 세상 속에서 선한 일로 하나님께 영광을 돌리게 하는 '제사장들'로(벧전 2:16-21) 구비시키고 온전하게 하는 일에 전력할 것이다(엡 4:11-12).

동시에, 제대로 된 성도들은 오직 성경 말씀의 권위에 순복하는 그런 목회자를 진심으로 존경하고 신실하게 따르며, 온갖 좋은 것들로 그와 함께할 것이다. 그것이 정상이고, 그렇게 되어야, 목회자 한 사람이 온 교회를 망치는 이 폐단을 끊어 낼 수 있으리라.

사랑하고 존경하는 이 땅의 목회자들이여, 부디 하나님께서 존귀하게 높이신 성도를 자신의 것으로 도적질하지 말자.

그것은 모두가 함께 망하는 길이다. 하나님께서 존귀하게 하신 성도를 힘써 세우자. 그것이 함께 사는 길이다. 하늘의 성도여, 더욱 깨어 성경으로 돌아오라. 존귀한 성도여, 거룩한 주의 종들이여, 세상의 제사장들이여, 일어나, 빛을 발하라.

"너희는 택하신 족속이요 왕 같은 제사장들이요" _ 벧전 2:9

세상 앞에 겸손한 그리스도인

C. S. 루이스는, 타락한 사람들 가운데 가장 희망이 없는 종류는 종교인이라고 말한 적이 있다. 종교인이 타락하면, 가장 돌이키기 어려운 고집과 어둠 속에 갇히기 때문이다. 예수님이 태어날 당시 유대교의 핵심이었던 예루살렘이 바로 그러했다.

구약 계시를 가지고 있었던 자들이 메시아가 탄생하실 곳도 몰랐고, 가서 경배하지도 못했다. 일반 은총의 세계, 과학과 예술, 경제와 정치, 다양한 학문들을 통해 비쳐지는 진리의 세계를 무시할 일이 아니다. 예수의 탄생을 예루살렘보다 이교도들이 먼저 알았고, 더 정확하게 알았다(마 2:1-12).

교회의 하나님은 이미 오래전부터 창조 세계의 하나님이시다. 교회도 성도들도 세상 앞에서 겸손해야 한다. 그들을 존중함과 공경함으로 대해야 한다. 계시를 가졌다고, 하나님의 특별 은총을 받는다고 세상에 대하여 콧대를 높이고 무례해지는 것은, 스스로 맹인이 되는 지름길이다.

하나님과 교통한다고 스스로 높은 체하지 말아야 한다. 그럴수록 세상 앞에 겸손해져야 한다. 하나님은 들의 꽃으로도, 공중의 나는 새를 통해서도 말씀하신다. 귀를 열어야 한다. 모든 사람들을 공경하며, 그들 한 사람 한 사람을 하나님의 형상으로 존귀하게 대하는 신앙인, 결코 무례하지 않은 그리스도인이어야 한다.

"뭇 사람을 공경하며"_ 벧전 2:17

이방인 중에서

한번은 베드로전서를 강의했는데, 한 목사님이 이런 소식을 전해 왔다. "교수님, 베드로전서 강의를 듣고, 저희 교인들에게 이렇게 전염병으로 어려운 시절에 선한 일을 하자고 건의하여, 저희 교회가 있는 (상가)건물에서 가장 타격을 크게 입은 사장님(헬스클럽, 실내 놀이터, 특공 무술 도장)들께 적은 금액이나마 후원을 했습니다. 교인들도 기뻐하고 사장님들도 한결같이 교회도 힘든데 받아도 되냐며 감격하시네요."

참으로 감사하다. 자신의 상가 교회도 어려울 텐데, 주변에 있는 이웃의 사정을 생각하고 선한 일로 접근한 것이 참으로 기쁘다. 요즘 교회에 어려운 일이 많다. 함께 모여서 예배드리기도 힘들고, 헌금도 줄고, 불안한 사건도 많이 일어난다.

하지만 이렇게 이웃을 더 먼저 생각하고 선한 일을 행할 때, 저들은 교회를 달리 볼 것이다. 기독교인들을 욕하다가도 '우리 상가에 세 들어 있는 저 교회만큼은 다르다'라고 변호해 줄 것이다. 교회의 희망은 이렇게 회복되기 시작하는 것이 아닐까.

"너희가 이방인 중에서 행실을 선하게 가져 너희를 악행한다고 비방하는 자들로 하여금 너희 선한 일을 보고 오시는 날에 하나님께 영광을 돌리게 하려 함이라"(벧전 2:12). 요즘 이 땅의 교회에 이 성경 말씀보다 더 적실한 말씀이 또 있을까.

교회는 '하나님 앞에서'(*Coram Deo*, 코람 데오) 살지만, 또한 '이방인 중에서' 살고 있음을 깊이 자각해야 한다. '하나님 앞에서'의 신앙을 제대로 감당하려면, 기독교에 적대적인 '이방인 중에서' 어떻게 살아야 하는지에 대한 감각이 보완되어야만 하는 것이다.

'이방인 중에' 거하는 교회는, 안 그래도 그 믿는바 복음과 진리 때문에, 원치 않게 '악행한다'는 비방과 혐오의 대상이 될 수 있다. 하나님이 한 분이라거나, 예수만이 구원자요 심판주라거나, 이 세상이 하나님의 심판 아래 있고, 새 하늘과 새 땅이 이미 왔고, 오고 있고, 온다는 식의 종말론적 신앙 자체가, 세상 사람들에게는 충분히 거부감을 주는 진리 선포일 수 있기 때문이다.

오늘날처럼 관용과 환대가 시대정신인 다원주의 사회 속에서, 이런 타협할 수 없는 진리 때문에 불가피하게 생기는 오해와 혐오는 감수할 수밖에 없다. 하지만 그래서 더욱더, 교회는 그 외에 다른 이유로는 '악행하는 자들'이라는 비난을 받아서는 안 된다. 그래야만, 오직 복음 때문에 받는 고난이 의미가 있게 된다.

베드로전서 2:12에서, 하나님께 영광을 돌리는 주체는 뜻밖에도 교회가 아니라, 교회의 선한 행실을 본 이 사회의 '이방인들'이라는 사실을 주목해야 한다. 우리가 예배당에 모여 하나님을 높이고 찬송하는 것으로는 부족하다. 그리스도인들을 보는 이방인들이 하나님의 이름을 높여야 한다는 것이다.

그렇다면 그들이 우리를 보고 하나님께 영광을 돌리는 이유는 무엇인가? 그들이 우리에게서 찬송을 배웠거나, 삼위일체 하나님에 대해 들었거나, 방언을 배웠거나, 거대한 예배당 건물에 수많은 사람들이 모인 위용 있는 모습을 보았기 때문이 아니다. 그들이 교회로부터 경험한 '선한 행실' 때문이다.

교회는 무엇으로 교회가 '악행한다'고 비방하는 세상 사람들의 입을 막을 수 있는가? 세상이 더 이상 교회를 비난하지 않았으면 좋겠지 않은가? 어떻게 하면 되는가? "곧 선행으로 어리석은 사람들의 무식한 말을 막으시는 것이라"(벧전 2:15). '어리석고 무식하다'는 번역은 세상 사람들을 무시하는 의미가 아니라, 저들이 '하나님을 모른다'는 표현이다.

하나님을 모르는 이방인들의 비난을 막는 교회의 방법은 무엇인가? 기독교 정치인들을 내세우는 것인가? 법적 소송인가? 모두 가능하겠지만, 베드로전서가 제시하는 전략은 아니다. 교회의 선한 행실뿐이다. 이것이 세상 속에서, 하나님도, 교회도, 복음도, 예수도 모르는 이방인들에게 둘러싸인 교회가 받은 전략이다. 교회는 진정 무엇으로 교회를 비방하는 자들의 입을 막을 수 있는가?

혹자는 여기서, '사람이 구원받는 것은 선한 행실 때문이 아니다'라는 생각이 솟아오를지 모른다. 맞다. 하지만 지금 베드로전서는, 구원받은 사람들이 '이방인들 가운데서' 행해야 하는 '선한 행실'에 어떤 선교적, 기독론적 의미가 있는지 말하는 중이다. (베드로전서는, 예수님의 십자가의 고난과 부활, 승천의 길을, 세상 속의 교회가 선한 양심과 선한 행실, 곧 은혜를 드러내는 선한 행실로 세상을 지나가는, 세례의 여정 전체로 재해석한다. 벧전 3:16-22)

'이방인 중에' 거하는 교회는, 세상과 소통하게 하는 '선한 행실'의 가치를 새롭게 발견해야 한다. 왜 세상 속의 교회에 '선한 행실'이 그토록 중요한가? '이방인 중에서' 살기 때문이다. 이방인들이 알아듣고 납득하는 것은, 교회의 신앙, 의례가 아니라, 교회의 선한 양심, 선한 행실이기 때문이다. 현대의 교회는, 이미 1세기경 그리스도인들에게 적대적이었던 로마 제국의 시민들을 향해, 거기에 흩어져 소수로 살았던 초기 교회가 행한 전략을 배워야 한다. 그래야 교회의 미래가 있지 않겠는가.

오늘날, 교회가 짊어진 하나님의 이름을 욕되게 하고 교회의 영광을 땅에 떨어뜨리는 온갖 악행들은, 교회의 다음 세대의 목에 무거운 멍에를 지우는 것과 같다. 우리의 자녀 세대가 더 이상 얼굴을 들고 신앙생활을 하지 못하게 되었기 때문이다. 참으로 미안하고 안타까운 일이다.

이제부터라도, 교회도 참으로 어렵지만 더욱 이웃에게 선한 일로 다가간다면, 다음 세대의 짐을 조금이나마 덜어 주게 될 것이다. 주여, 이 땅의 교회를 긍휼히 여기소서. 우리를 도우소서. 지혜와 용기와 소망을 주소서. 간절히 비는 주일 밤이다.

"곧 선행으로 어리석은 사람들의 무식한 말을 막으시는 것이라"

_ 벧전 2:15

질문

"하나님은, 비기독교인도 사랑하시나요?"
오늘 학부의 한 학생이 사뭇 진지하게 물었던 질문이다.

기독교에 관심이 있지만, 믿기를 주저하는 학생이다.
당연한데, 당연하게 들리지 않는 이유는 무엇이었을까?
질문 자체가 답이다.
기독교가 세상의 눈에, 어떻게 비치고 있는지에 대한 답.
교회가, 교회만 사랑하고 있지는 않은지에 대한 답.
왜 예수 믿는 자의 수가 줄어드는지에 대한 답.
복음이란 무엇인지에 대한 답.
우리가 무엇을 잃어버렸는지에 대한 답.
우리도 한때, '비기독교인'들이었음을 기억해야 하는 이유.
엎드려 단단해진 가슴을 치며, 낮아지고 낮아져야 하는 이유.
귀 기울여 듣고 아직도,
마음에 새겨 보는 질문이다.

"아직도 거리가 먼데 아버지가 그를 보고
측은히 여겨 달려가 목을 안고 입을 맞추니" – 눅 15:20

우리는 우리를 전파하는 것이 아니라

선거철과 깨끗하지 못한 설교

어색한 설교가 있다. 웃기지 않는 개그를 뿌려 대는 설교이다. 딱히 설교할 본문의 내용과 밀접한 관계가 없는데, 그냥 관심을 집중시키려고 하는 개그이다. 어색한 설교이다. 꼭 하려면, 설교 내용과 관련이 깊은 위트 있는 이야기여야 한다.

서투른 설교도 있다. 헬라어 단어 하나를, 그 단어가 쓰인 문맥을 떠나, 헤쳐 풀어 설명하는 경우이다. 그것은 서투른 것이다. 단어 하나의 의미는 그것이 놓인 원래 문맥이 결정한다. 서투른 헬라어 단어 풀이, 한자 풀이를 설교의 중심으로 삼는 설교는 서투른 설교일 것이다.

무례한 설교도 있다. 목사라고 해서 상식을 다 아는 것처럼 말하는 것이다. 실제로 성도들 중에는 전문가들이 많다. 전문가들 앞에서, 단지 설교단에 서 있다는 이유, 목사라는 이유로 상식을 꿰뚫는 듯이 말하는 것은, 청중을 무시하는 무례한 설교가 될 것이다.

하지만 어색한 설교도 참을 수 있고, 서투른 설교도 애써 들어 줄 수 있다. 무례한 설교도 그런대로 견딜 수 있다. 하지 말아야 하는 설교가 있다. 그것은 깨끗하지 못한 설교이다. 깨끗하지 못한 설교란, 자신의 정치적 견해나 주관적인 입장을, 설교라는 틀에 담고, 목사라는 권위로 포장하고, 더구나 '거룩한' 말씀을 빙자해서, 하나님의 거룩한 성도들을 더럽게 하는 행위이다.

목사 자신도, 정치적 입장이나 견해가 있을 수 있다. 설교 중에 그런 편향이 새어 나올 수 있다. 그런 것은 어쩔 수 없기도 하고 극복해야 할 부분이다. 하지만 '의도적으로 명확하게' 자신의 정치적 편향을 선전하고 유도하는 설교는, 깨끗지 못한, 더러운 설교이다. 하나님의 복음과 그의 거룩한 성도 앞에서, 주제넘은 월권을 행사한 것이기 때문이다.

하나님 나라에는 누구나 초대되어야 한다. 복음은 모든 이들의 것이다. 예수님은 철저한 보수이셨고 또한 급진적인 진보이셨다. 그래서 세리도 바리새인도 창녀도 군인도, 모두 그에게 나아와 죄 사함받고 하나님의 백성이 될 수 있었다. 그 나라의 가치관이 선포되는 것은 옳지만, 그것을 세상 정치적 편향으로 선동하고 나누어서는 안 된다.

말씀 선포는 보수, 진보, 의인, 죄인, 남자, 여자, 부자, 가난한 자, 유대인, 이방인, 우파, 좌파, 모두를 회개하게 하고, 모두를 돌이켜 하나님과 그의 나라로 초대하는 것이기 때문이다.

강단은 거룩해야 한다. 거룩하려면, 전하는 말씀이 깨끗해야 한다. 그것은 하나님의 사랑과 진리로 가득한 복음 외에는 다른 것을 섞지 않으려는, 설교자의 자제력 있는 결단과 하나님 앞에서의 겸손에 의해 이루어진다.

하나님의 성도들은 목사의 것이 아니다. 도적질하지 말라. 이 세상의 것도 아니다. 착각하지 말라. 오직 예수 그리스도의 것이다. 예수 그리스도의 것에는, 오직 예수 그리스도만 주(主)이셔야 한다. 선거철이 다가온다. 교회여, 강단을 거룩하게 지키라. 단연코, 깨끗하지 못한 설교를 피하라.

"하나님의 말씀을 혼잡하게 하지 아니하고" _ 고후 4:2

우리는 우리를 전파하는 것이 아니라

불과 3, 40년 전만 해도, 교회 이름은 거의 그 교회가 있는 지역, 마을의 이름을 딴 것이 전부였다. 남대문교회, 서대문교회, 동대문교회, 이런 식으로. 마치 신약에 나오는 교회들이 데살로니가교회, 고린도교회, 갈라디아교회, 그런 것처럼.

교회는 원래 하나이기 때문에 '그 지역에 있는 성도들'이라는 의미로 지역 이름만 앞에 붙이면 되었다. 당시에는 전도자나 사도라면 어느 교회에 가서도 설교할 수 있었을 것이다.

그 이후로 교회 이름에 변화가 왔고, 무척 신선하게 들렸다. 믿음이나 소망, 사랑, 능력, 기쁨 등등의 교회, 혹은 형용사를 써서 아름다운, 행복한, 주님의 등등의 교회, 그런 식이었다. 지역색을 벗어났다. 그리고 교회들마다 로고를 만들기 시작했고, 그것도 신선한 바람이었다. 몇 해 전에는, 교회가 교가(敎歌)를 만들어 부르는 게 유행이라는 사실을 알게 되었다. 학교나 회사에 교가나 사가(社歌)가 있는 것처럼, 개교회에 소속되었음을 고취하기 위해 교가를 부른다는 것이었다. 얼마 전에는, '담임 목사 찬가'가 있다는 소리도 듣게 되었다. 실로 그러했고 참으로 놀랐다.

이렇게 거슬러 올라가 보니, 교회가 점점 공적이기보다는 '사적'(私的)이 되어 가는 흐름은 거스를 수 없는 대세처럼 보인다. 그만큼 '예수 그리스도의 교회'가 우리가 살아가는 사회의 '사유화'하는 흐름에 휩쓸리는 듯하다. 사실 이 정도까지는 봐줄 만한지 모른다. 교회를 세습하는 것은 이런 '혹시 봐줄 만한' 경향도 우습게 만드는 사유화의 전형이기 때문이다.

사실 따지고 보면, 그런 교회의 사유화 경향은 설교 강단에서 얼마든지, 더 자주 발견된다. 설교 강단은 얼마나 쉽게 유린당하는가. 이루 말할 수 없다. 설교 강단에서 하나님 말씀, 복음, 예수 그리스도, 하나님 나라에 관련되지 않은 것으로 강단을 '사유화'하는 죄는 쉽사리 씻지 못할 죄악이다. 설교하는 강단, 하나님의 순결하고 정직한 말씀이 선포되어야 하는 곳에 서서, 그 거룩한 강단을 '자기 자신의 것으로 사유화'하는 죄는 반드시 심판받을 무서운 죄이다.

그것은 말씀의 자리를 빼앗고 자기를 파는 것이기 때문이다. 성도들, 주께서 피로 값 주고 사신 성도들은 '당신'이 필요하지 않다. '그리스도'가 필요하다. 교회는 머리 되신 예수께서 몸 된 성도들에게 자기 자신, 곧 말씀을 주시는 곳이다. 예수 그리스도께서 머리 되신 교회 안에서, 그분의 말씀이 주어져야 하는 강단 위에서, 친히 목자 되신 주께서 자신의 목숨을 주고 사신 양 무리에게 '예수'가 아닌, '말씀'이 아닌, '자기의 더러운 것'을 먹이는 거짓 목자들에게 화 있을진저! 속히, 진리의 길로 돌이킬지라!

그러므로 두렵고 떨리는 마음 외에 다른 마음으로 강단에 서서는 안 된다. 예수 그리스도의 교회 안에서 예수 그리스도의 양 무리에게, 하나님의 순결하고 정직한 말씀, 예수 그리스도 외에 상습적으로 다른 것을 주는 자는 적그리스도에 방불한 자들이다. 속히, 주인 행세를 버려야 한다. 돌이켜, 종의 자리로 돌아가야만 한다.

> "우리는 우리를 전파하는 것이 아니라
> 오직 그리스도 예수의 주 되신 것과
> 또 예수를 위하여 우리가 너희의 종 된 것을 전파함이라" _ 고후 4:5

다 하려 들지 말라

영적으로도 함정이 있다. 처음에는 말씀대로 한다. 받은 은사대로 한다. 내가 할 일과 하나님께서 하실 일, 형제들이 할 일들이 무엇인지 명확히 알고 있다.

그래서 성과가 나고 일이 잘되고 열매가 맺어지면, 내가 다 하려 든다. 내 은사를 넘어서서 하려 들고, 형제들의 일을 대신하고, 나중에는 하나님께서 하실 일까지 대신하려 한다. 그 선을 넘을 때, 그 일은 영적인 일이 아니라 내 욕심을 따른 일이 된다. 빛이 사라지고 그림자가 생긴다. 하나님의 역사는 줄어들고 사람의 생각이 커진다.

내가 나오기 시작하고, 물러서기 어려워진다. '내가' 정점을 찍어야 한다는 마음이 든다. 처음에는 하나님이 역사하셨지만, 이제는 '내가' 기도할 때마다, '내가' 선포할 때마다, 하나님이 반드시 병을 고치셔야 하고 반드시 역사하셔야만 한다고 믿게 된다.

처음에는 부분으로 시작했지만, 바뀌지 않는 '전체'가 절망스러워진다. 더 이상 '부분'으로 남는 것을 참을 수 없게 된다. '우리만' 개혁의 주체 세력이라는 생각이 든다. 그래서 이 땅에 장로교단만 이백 여개이다. 그래서 모두 좁쌀만 하다.

연합이 없다. 보이지 않는 사랑의 끈과 연대, 내가 못 하는 것을 해 주는 형제에 대한 경의와 사랑과 겸허함이 적다. 내게 없는 은사를 그에게 주신, 혹은 내게 주신 은사를 그에게 도 주신, 그 풍성하고 너그러우신 하나님을 신뢰함이 적다.

내가 하나님의 거대한 계획의 일부라는 절제와 책임감은, 우리를 사랑하신 하나님께 대한 신실하고 아름다운 응답이다. 하나님의 도시의 구석을 쓸다 가는 작은 청소부로 살더라도, 그것이 얼마나 영광된 만족인지, 그것이 얼마나 큰 기쁨인지를 누리는 믿음이 필요하다. 그것을 알아주는 형제들의 박수와 사랑이 참으로 간절하다.

다 하려 들지 말자. 그것을 맡은, 잘 못 하는 형제가 잘하도록 돕자. 내가 다 가르치고, 내가 다 목양하려 들지 말자. 성도들이 서로 가르치고, 서로 목양하는 기쁨을 누리게 하자. 전체가 살아나기 위해, 새롭고 헌신된 부분이 되자. 연합하자. 우리는 한 몸이다.

"다 사도이겠느냐 다 선지자이겠느냐
다 교사이겠느냐 다 능력을 행하는 자이겠느냐" _ 고전 12:29

교회 사유화와 엉터리 구약 사용

만일 목사가 성도들에게 자신은 '주의 종'이고 성도들은 그 '종의 종들'이며, 그것은 모세가 하나님의 종이고 여호수아가 모세의 종인 것과 같다는 식으로 가르친다면, 그 목사는 첫째 무식한 자요, 둘째 '하나님의 종들'인 그리스도의 양 무리를 도적질하는 자이다.

만일 목사가 성도들에게 자신은 선지자와 같고, 성도들이 자신을 잘 섬기면 선지자가 받는 상을 그들도 받을 것이라고 가르친다면, 그런 자는 첫째 무식한 자요, 둘째 예수 그리스도의 영을 받은 존귀한 성도를 능멸하는 자이다.

만일 목사가 설교 시간에 성경을 믿는 것보다 담임 목사의 말을 더 믿어야 한다고 가르친다면, 그는 틀림없는 거짓 목자이다. 목자장(牧者長)이신 예수님에게 받을 무서운 심판을 기다리고 있는 자이다.

구약을 교회를 사유화하는 데 쓰는 설교자여, 너의 무지함을 회개하여야 한다. 네 속에 있는 탐욕과 도적질을 회개하여야 한다. 모세를 대적한 자들이 망한 것처럼, '담임 목사인 나를 대적하면 벌을 받을 것'이라고 거짓으로 양 무리를 협박하는 자여, 너는 도적이며, 너를 위한 심판은 예전부터 자지 않고 기다리고 있음을 알아야 한다.

네가 너의 왕국으로 사유화시키고자 하는 그 교회는 예수 그리스도의 양 무리이다. 주께서 그의 죄 없으신 보배로운 피로 값 주고 사신 양들이다. 거짓 목자야, 너는 무엇을 했느냐. 설령 네가 그들을 위해 십자가에서 죽은들 너의 죽음이 그들에게 무엇이냐? 그들의 죄를 한 털끝이라도 사할 수 있느냐?

너는 누구냐! 교회를 너의 작은 왕국으로 만들며, 어린아이부터 노인에 이르기까지 너의 이름을 가르치며, 너만을 순종하게 만드는 자여, 네가 그리스도보다 높으냐! 그들은 하나님의 존귀한 '성도'요, 너는 그들을 세우기 위해 부름받은 일꾼일 뿐임을 그들에게 알리라!

성도는 그리스도께서 자신의 목숨을 내주신 대가로 얻은 존귀한 이름이다. 목사와 장로와 집사와 권사와 같은 모든 직분들은, 바로 그 존귀한 성도들을 섬기라고 '불러서 일을 시킨' 일꾼들의 이름이다. 어떤 것이 더 귀한 이름이냐? 누가 누구를 섬겨야 하느냐? 어떻게 감히 하나님의 존귀한 성도들을 네 것으로 도둑질하려느냐?

물론 모든 성도는 말씀 맡은 자들을 존귀하게 대해야 한다. 다른 장로들보다 배나 더 존귀하게 여겨야 한다. 그러나 그것은 인간인 그들 때문이 아니라, 그들이 하나님의 말씀을 전달하기 때문이다. 그러나 순종도 오직 그가 하나님의 말씀, 성경에 충실할 때라는 조건이 붙는다.

목사 자신도 스스로 공포해야 한다. '설교자요 목사인 나의 말을 들으시오. 순종하시오. 하지만 나의 가르침이 성경과 다르거나 성경을 배반하거든, 내 말을 듣지 마시오. 오직 하나님의 말씀만을 따라가시오'라고 말해야 한다. 그가 진짜 목사요 설교자이며, 목자장이신 예수님이 불러 사용하시는 일꾼이다.

구약은 신약의 빛 아래서 해석되어야 한다. 예수님이 구약의 모든 약속들을 성취하셨기 때문이다. 예수님께서 성취하신 복음의 빛 안에서 구약을 설교하지 않고, 구약을 교회를 사유화하는 일에 악용하는 설교자들의 무지함과 죄악 됨을 경계하라. 성도들이 깨어 부지런히 성경 말씀을 읽고 배우고 묵상하고 실천하며 성장해야 한다. 예수 그리스도의 양 무리여! 깨어, 오직 주의 말씀에 착념하라.

> "맡은 자들에게 주장하는 자세를 하지 말고 양 무리의 본이 되라
> 그리하면 목자장이 나타나실 때에
> 시들지 아니하는 영광의 관을 얻으리라"_ 벧전 5:3-4

천국에서 받는 상급이란?

종종 하늘에서 받을 상급을 강조하며 헌신을 독려하는 경우를 본다. 더 많이 헌금하고 더 많이 봉사해야 하늘에서 더 큰 상급을 받는다는 논리이다. 듣는 성도들은 자극을 받을 수밖에 없다. 경쟁 심리를 자극하고 어떤 경우에는 시기심이나 우월감, 열등감, 자괴감까지 느끼게 한다.

과연 그럴까. 신약에서 차등 상급을 조건으로 헌신을 독려하는 부분은 많지 않다. 아예 상급이 있는지를 묻는 질문도 성립한다. 하지만 분명한 것은, 혹시 다른 상급들이 있다 해

도, 그것이 이 세상에서처럼 행위에 따른 차별적 보상이거나 경쟁 심리를 자극하여 우월감이나 열등감에 따른 비참함 같은 감정을 불러일으키지는 않을 것이라는 사실이다.

천국에서 더 많이 가진 사람, 혹시 더 높은(?) 자리에 있는 사람이 남보다 우월감을 갖는 일은 상상하기 어렵다. 이 땅에 섬기러 오신 '인자'(人子)이시고 또한 '하나님의 아들'이신 주께서 친히 보여 주신 대로(막 10:45), 거기는 높은 자가 낮은 자를 섬기는 곳이며, 강한 자가 약한 자의 짐을 담당하는, 세상과는 전혀 다른 질서로 통치되는 영역일 것이기 때문이다.

무엇보다, 장차 하나님의 은혜로 끝까지 인내한 성도가 받을 '생명의 면류관' 또는 '영광스러운 생명'이란 곧 '예수 그리스도의 영원한 생명과 영광'이라는 사실을 생각하면(약 1:12), 설혹 상급의 차등이 있다 해도, 그 '영원한' 생명에 비하면 아무것도 아닐 것이기 때문이기도 하다. 마치 무한대(∞)에 천억(千億)을 더하나 빼나 '무한대'이기는 마찬가지인 것과 같다.

설사 받을 영광의 경중(輕重)이 있다 해도, 그래서 이 땅에서 주님과 더 친밀하고, 주님을 더 사랑해서, 주께서도 그와 더 가까이 동행하시고 그의 수고와 눈물을 아시는 그런 성도가 있을지라도, 그렇게까지는 살지 못했던 성도들이 장차 그 나라에서 '혹시 적은 상급(?)'을 받아 거기서 홀대받고 천시받으리라고는 상상하기 어렵다. 그들은 어쩌면 더 많은 긍휼을 얻을 것이다.

그러니 이 땅에서처럼 그 영원한 나라에서조차, 더 많이 사랑하고 또 사랑할 일만 남은 것이다. 결코 상급론으로 성도들을 협박하고 현혹해서 자신의 탐심을 채우는 일을 해서는 안 될 것이다. 성도들도 죄악 된 인간의 시기와 욕심을 자극하는 상급론에 휘둘릴 필요가 없다.

천국의 상급은 '상대 평가'의 시험 성적이 아니며, 주와 교회를 향한 헌신의 궁극적 동기도 아니다. 어느 어머니가 자식에게 덕 보려고 자식을 기르는가. 사랑은 그런 것이 아니다. 오직 자유하게 하는 복음과 참된 사랑에서 나오는 수고의 기쁨을 가르치고 배워야 하리라.

"사랑으로써 역사하는 믿음뿐이니라"_ 갈 5:6

성경 문맥을 떠난 설교

설교 본문을 정해 놓고, 그 본문을 사용할 때 그 본문이 원래 놓여 있는 그 전후 문맥으로부터 떼어 내서, 설교자 자신이 결정하고 구성하는 '새로운 문맥' 속에 넣고 설교하는 것처럼 위험한 일이 없다. 왜냐하면 성경 본문 한 구절의 의미는 그 본문이 놓인 전후 문맥 안에서 '하나님 자신의 의도'를 전달하도록 되어 있기 때문이다.

거짓 교사들의 특징은, 아름다운 성경 본문을 읽어 놓고, 그 본문을 원래의 성경 문맥에서 떼어 내면서부터, '자기 자신의 뜻'을 만들어 낸다는 데에 있다. 성경 본문을 원래의 문맥에서 떼어 내서, 그 본문을 집어넣는 그 '자신의 문맥'이 곧 '자기 자신의' 철학이요 목적이다. 그리고 그 목적은 종종 말씀으로 하여금 '자기 자신의 정욕'의 정당화를 위해 봉사하도록 만드는 것이다.

기독교 TV 방송 설교를 들어 보라. 다 그런 것은 아니지만, 다음과 같은 특징들을 가진 설교는 영락없는 거짓 가르침에 가깝다: 우선, (i) 성경 본문을 읽고 그 말씀을 칭송한다. 그다음, (ii) 방금 읽은 그 본문을, 그 본문이 위치한 성경의 문맥에서 떼어 낸다. 그리고 (iii) 그 떼어 낸 말씀을 '자신이 정한 문맥' 속으로 옮겨 놓는다. 더 나아가서, (iv) 그 '새로운 문맥'을 위해 또다시 다른 성경 구절들을 동원한다. 하지만 그렇게 따온 본문들도 원래의 문맥에서 떨어져 나온 경우가 대부분이다.

결국은, (v) 성경 말씀들을 인용하는 것으로 청중이 안심할 즈음에, 자신이 원래 의도했던 '자신이 정한 문맥'의 그 핵심적 주제를 꺼내기 시작한다. 그 주제는 '자기 자신의 정욕'을 달성하는 데 기여하는 전략의 일부이다. 여기쯤 오면 이제, (vi) 그의 설교는 '조작'이요 '정치'의 차원으로 떨어진다. 이제 설교는 '하나님의' 말씀이 아니라, 자기 자신의 사적(私的)인 '거짓 가르침'이 된다.

성경 문맥을 떠난 이런 설교에도 제한된 감동이 있을 수 있다. 하지만 그것은 '위로부터' 오는 것이 아니다. 깨끗하지 않기 때문이다. 거기에는 의욕을 부추기는 열정이 있을 수 있다. 하지만 그것은 '말씀의 생명에서' 오는 것이 아니다. 사람의 정서와 의지를 자극하는 '웅변적 화술'에서 나오는 약간의 자극이다. 사람의 영을 살리지 못하기 때문이다.

말씀을 그 말씀이 위치한 성경 문맥에서 떼어 내서 설명하는 것은, 그 문맥을 통해 드러나는 하나님의 뜻에서 떼어 내는 것이다. 그럴 때에, 말씀은 질식한다. 모든 '인간적인' 한계들 안에 갇혀 버린다. 전하는 이나 듣는 이들은 결국 아무 데도 이르지 않는다. 자기 자신 안에 갇힌다.

하지만 성경 본문을 그 본문이 처한 문맥을 통해 읽고 그렇게 그 뜻을 드러낼 때, 그 말씀은 해석자 자신과 듣는 이들이 갖고 있는 인간적 한계를 깨뜨린다. 이번에는 말씀이 아니라, 우리의 심령이 말씀의 거룩함과 생명에 질식하여 죽는다. 그 말씀의 빛 아래 밝히 드러나고, 그 말씀의 생명이 다시 살리신다. 말씀이 인도하는 또 다른 세계로 옮겨진다.

본문이 놓인 성경 문맥을 떠난 설교는, 그 말씀을 '더럽고 썩어지고 허무한 설교자 자신 안에' 가두는 설교이다. 그가 전파하는 것은 그래서 자기 자신뿐이며, 자신도 듣는 이도 '그 더러움과 썩어짐과 허무함 안에' 갇혀 버린다. 이것이 거짓 교사가 뿜어내는 거짓된 설교의 특징이다. 결국, 말씀을 전혀 '듣지 않는' 것이다. 듣지도 않은 말씀을 어찌 전하랴.

"그들이 탐심으로써 지어낸 말을 가지고 너희로 이득을 삼으니
그들의 심판은 옛적부터 지체하지 아니하며
그들의 멸망은 잠들지 아니하느니라"_ 벧후 2:3

사이비 성령 충만

참 이상하다. 오래전 이 땅에 성령의 강력한 역사가 있은 후, 회개와 부흥 운동이 일어났을 때에는 죄에 대한 깊은 회개와, 그 결과로 정직하고 청빈하고 깨끗한 사랑의 삶을 살자는 구호가 넘쳐났다. 그런데 언제부터인가 성령 운동은 세속적인 부와 복, 그리고 각종 '대형', 이를테면 대형 교회나 대형 사고들로 연결되기 시작했다. 어떻게 성령의 역사가 부의 축적과 권력의 집중으로 연결될 수 있었을까? 누가 어떻게 이런 연결 고리를 만들었는가?

성경에서 성령의 역사는 결연하게 말씀과 함께 간다. 세례 요한을 보라. 그는 하나님의 영에 붙잡힌 '빈 들의 소리'였다. 예수님을 보라. 성령이 그 위에 임하셔서 비움과 순종의 길을 가신 하나님의 말씀이셨다. 초대 교회를 보라. 성령이 충만하자, 복음과 나눔을 위한 사랑의 말씀에 순종하였다. 성령의 역사는 반드시 말씀을 따라간다. 그리고 그렇게 가야 한다.

그래서 말씀을 일부 입맛에 맞는 구절들만 골라서 편식하는 태도는, 성령 운동을 심각한 질병에 빠뜨린다. 만일 말씀에 대한 이해가 신학적으로 건전하지 않고 온전하지 못하다면, 그 성령 운동은 이내 귀신 운동과 다를 바가 없게 될 것이다. 성령과 거짓이 함께 갈 수 없듯이, 성령과 탐욕은 함께 갈 수 없다. 성령과 나눔이 함께 간다. 성령과 권력의 집중이 절대로 함께 갈 수 없다. 성령이 역사하는 곳에, 지극한 비움과 낮춤, 섬김이 함께 간다.

예수님께서 병자들을 고치시고, 수천 명을 먹이시고, 물위를 걸으시고, 손을 대면 나음을 받는 능력을 베푸셨어도, 그분은 자주 세상으로부터 '물러나셨다.' 복음서에서 이 '물러나심'의 모티브는 성령 운동이 어떻게 말씀, 곧 하나님의 뜻과 함께 가야 하는지를 명확히 보여 준다.

주님은 시종일관 골고다를 향하여 걸어가셨다. 이루셔야 할 말씀, 곧 보냄받은 하나님의 뜻을 이루고자 군중으로부터, 야망으로부터, 재물과 권력으로부터도 '물러나셨다.' 그분은 성령 충만했고 능력을 행하셨지만, 자주 물러나셨고, 더욱 자신을 비우셨으며, 끝내 말씀을 이루시기 위하여 십자가에서 죽으셨다. 그것이 성령 충만의 결과이다.

성령 충만과 거짓은 함께 갈 수 없다. 어떻게 이리도 당연한 사실을 강조해야만 하는 시대가 되었는가? 성령 충만이 곧 부정직과 복과 대형과 성공으로 연결되는 시대를 누가 만들었는가? 성령 충만과 돈의 축적은 결코 함께 갈 수 없다.

사도들의 교회가 성령으로 충만했을 때, 그들은 나누었고, 가난과 정직을 유지했다. 성령 충만과 권력의 집중도 함께 갈 수 없다. 주님은 성령이 임하신 후, 자기를 부인하셨고, 마귀에게 절하지 않으셨고, 십자가에서 모든 것을 버리셨다. 성령 충만과 세상이 함께 갈 수 없다.

성령은 죄에 대하여, 의에 대하여, 심판에 대하여 세상을 책망하신다. 성령은 곧 진실하시고, 겸허하시고, 자기를 비우신 예수 그리스도의 영이다. 이 세상의 영이 아니다. 교회는 잘못된 성령 충만으로 충만해져서는 안 된다. 말씀과 더불어 역사하는 성령으로 인도하심을 받아야 한다. 말씀과 함께 가지 않는 성령 운동은 거짓이다. 진실함과 나눔과 비움으로 가지 않는 성령 운동은 거짓이다.

"예수는 물러가사 한적한 곳에서 기도하시니라"_ 눅 5:16

세상과 소통하는 교회, 세상을 회복하는 교회

'세상에서' 이기는 것과 '세상을' 이기는 것

'세상을' 이긴다는 것은, '세상에서' 이긴다는 것과 다르다. 세상에서 이겨도, 세상에 질 수 있기 때문이다. 세상에서 져도, 세상을 이길 수 있는 것과 마찬가지이다. 예수님도, 주의 형제 야고보, 사도 베드로, 사도 요한, 사도 바울, 그리고 초기 교회에서 순교했던 모든 성도들도, 전부 세상에서는 졌지만, 세상을 이긴 자들이었다.

오늘날은 교회가 세상에서 이기는 법은 가르치지만, 세상을 이기는 법은 잘 가르치지 않는다. 예수 믿고 세상에서 복 받고 성공하는 법은 설교하지만, 정작 거짓 없이 정직하게 살며 손해 보더라도 공의(公義)와 선(善)을 행하며 이웃을 사랑하는 삶이 '세상을 이긴 삶'이라는 복음을 설교하려 들지 않는다.

　물론, 세상에서도 성공하고 세상을 이기는 신앙을 가질 수 있다면 더없이 좋을 것이다. 그러나 '세상에서는' 이길 수 없지만 '세상을' 이겨야 하는 상황에서, 세상을 이기는 쪽을 택하는 신앙이 성경적인 신앙이다. 무슨 짓을 하든, 세상에서 이기는 신앙으로는 더 이상 교회가 세상 속에서 승리를 누릴 수 없다.

　성경에서 '이긴 자'란, '세상을' 이긴 자이다. 초기 교회 성도들은 세상에서 '주리고 목마르고 헐벗고 떠도는' 자들이 많았다. 로마의 변두리에서 '나그네와 행인들'로 살아가는 자들이 대부분이었다. 여전히 집안 노예들이었고, 소작농들이 대다수였다.

　그들은 예수 믿고 부자가 되기 위해 예수 믿지 않았다. 그들은 예수 믿고 부자가 되어 로마 시민권을 사서 그 제국에서 천년만년 사는 것을 목표로 삼지 않았다. 그들은 헌금을 모아 로마의 시민권을 사는 대신, 가난한 다른 교회 성도들을 구제하는 데 사용했다.

　예수 믿고 세상을 이긴다는 것은 무엇인가? 성도는 이미 '썩지 않고 더럽지 않고 쇠하지 아니하는 나라'를 유업으로 받았다. 우리 안에는, 이 세상에서 얻을 수 없는 '부활 생명', '영원한 생명'이 요동치고 있다.

　성도는 그 아들 안에서 '이미' 세상을 이긴 자들이다. 이미 이긴 세상을 그분과 함께, 교회와 함께 계속해서 그 승리를 누리며 살아간다. 그런 삶은 '세상에서 진' 인생처럼 보일 수도 있다. 그러나 그렇지 않다.

이미 썩어지고 더럽고 허무한 세상에서 그런 세상의 복을 받는다는 것은, 마치 사과는 사과지만 '썩은 사과'를 한 트럭 받는 것과 같다. 그 썩은 사과를 다 먹으면 어떻게 되겠는가? 그래서 예수님은 창세기의 복음을 산상수훈의 팔복으로 바꾸어 말하신 것이다. 그럴 수밖에 없다. 창조 세계의 복이 그대로 복이 되지 않는 부패한 세상이기 때문이다.

그래서 썩지 않고 더럽지 않고 쇠하지 아니하는 나라, 하나님 나라를 받은 사람은, 심령이 가난하다. 애통할 수밖에 없다. 더러운 세상에서 의롭게 살려 하고, 죽음이 지배하는 세상에서 두려워하지 않으며, 허무한 세상에서 영원한 진리와 사랑을 따라 살려 하면, 의에 주리고 목마를 수밖에 없다. 하지만 하늘에서 상이 크다. 그 하늘은 그들 안에 이미 와 있다. 기쁘고 즐거워할 수밖에 없다. 이미 세상을 이기신 분과 함께 살고 있기 때문이다.

세상을 이기는 것이, 진정으로 세상에서 이기는 것이다. 이 세상은 지금도 지나가고 있고, 새 하늘과 새 땅이 우리 안에 있다. 그 아들과 아버지와 우리와 너희가 함께하는 영원한 코이노니아는, 이미 우리 안에서 시작되었다. 우리는 세상을 이긴 자들이다. 이미 세상을 이긴 인생을 끝까지 살아내야 한다.

"세상을 이기는 승리는 이것이니"_ 요일 5:4

'예수천당 불신지옥' 싫어, 스님에게 물었던 청년

교회에 다니는 어떤 청년이 금요 철야 예배를 가려다가, 한 스님이 주최하는 강연회로 발길을 돌렸답니다. 거기서 청년은 스님에게, '예수천당, 불신지옥'이라 하며 전도하는 것이 너무 과격하고 싫은데, 스님은 어떻게 생각하시는지 질문하고 또 그 스님에게 답을 얻었다는 이야기를 읽었습니다.

하지만 청년이 들었다는 그 스님의 대답을 살펴보고, 그동안 성경을 가르쳐 온 저로서는 마음에 큰 부담을 느끼게 되었습니다. 또한 마치 내 집의 자녀가 집을 버리고 나가 다른 부모에게 '어머니, 아버지'라고 부르며 기뻐하는 모습처럼 느껴진 것도 사실입니다. 혹시, 종교 다원주의 시대에 무슨 네 집, 내 집이 있느냐고 말한다면, 그것도 그렇지 않다는 생각을 지울 수가 없습니다. 그래서 몇 자 적습니다.

청년이 들은 대로, 스님이 설명하셨던 내용들은 사실 성경을 잘못 읽은 점들이 많았습니다. 불교 경전을 잘 알지 못하는 제가 불경을 이리저리 해석한다면, 아마도 스님이 웃으실 거라고 생각합니다. 반대로 생각해 보시면, 저의 안타까운 마음도 이해할 수 있으리라 믿습니다. 이해란 서로의 입장에서 보는 데서부터 시작한다고 믿습니다.

먼저, 스님은 "예수님께서 광야에서 40일간의 금식 기도가 끝날 때에 성령이 비둘기 같은 형체로 그의 위에 강림하더니 하늘로부터 나는 소리인 '너는 내 사랑하는 아들이니라' 하는 하나님의 음성을 들었지요"라고 하셨습니다.

그러나 복음서는 그렇게 말하고 있지 않습니다. 예수님께서 금식 기도가 끝날 때, 성령을 받고 하늘의 소리를 들으신 것이 아닙니다. 반대로, 예수님께서 세례를 받으셨을 때, 하늘이 열리고 성령께서 내려오시고, 하늘의 소리를 들으신 후, 그 성령에게 이끌리어 광야로 가서 마귀에게 시험받으셨습니다(마 3:15-17). 순서가 바뀌었지요.

스님의 착각은 작은 차이 같지만, 실은 큽니다. 스님은 금식 기도라는 수행(修行) 후에, 예수님이 성령을 받고, 하늘에서 소리를 들어 자신이 '하나님의 독생자임을 자각(自覺)'했다고 생각하는 것입니다. 하지만 복음서는 예수님이 하나님의 아들이신 것이 수행의 결과라고 말하지 않습니다. 수행하거나 성령을 받으시기 전에도 이미, '말씀이 육신이 되어 우리 가운데 거하신 하나님' 자신이시라고 선포합니다(요 1:1-18).

예수님도 그리스도인도 하나님의 자녀 된 것이, 수행의 결과인 '자각'이나 그래서 생긴 '의식' 때문이 아닙니다. 수행의 결과인 깨달음이 아닙니다. 복음은 내가 '깨달아서' 하나님의 자녀임을 갑자기 자각하는 것도 아닙니다. 기독교는 자각의 종교가 아니라, 중생(重生), 거듭남의 종교입니다.

둘째, 스님은 구약에는 선민(選民) 사상이 있어서, 유대인만 구원의 대상이고 구원의 기준이 인종적, 민족적이었는데, 예수님이 이방인도 구원받을 수 있다고 해서 당대에 충격을 주었다고 했지요. 하지만 성경을 읽어 보면 그렇지 않습니다. 구약에서도, 구원은 하나님의 언약, 약속의 말씀을 믿음으로 받습니다. 출애굽 당시에도 이미 유대인들 안에 이방인들이 많이 들어와 있었습니다. 그때도 구원의 조건이 혈통이 아니라 언약이 중심이었기 때문입니다.

그래서 개종이 있었고, 할례가 있었지요. 유대인의 조상, 아브라함이 누구입니까?(창 12장) 지나가던 이방인이었지요. 그가 하나님의 언약의 말씀을 믿음으로 하나님의 백성이 됩니다. 그의 아들 이삭이 누구입니까? 혈육으로 낳을 수 없었던 아들입니다.

다만 약속을 따라 낳은 아들입니다. 성경은 처음부터, 구약에서부터, 구원은 언약의 말씀을 믿음으로 얻게 된다고 가르칩니다. 예수님이 오셔서 그것을 온전히 성취하시고 드러내신 것입니다. 갑자기 구원의 조건을 '혈통'에서 '선한 행위'로 바꾸신 것이 아닌 것입니다. 더구나 구약의 하나님은 진노의 하나님이고 옹색한 하나님인데, 신약의 하나님은 사랑의 하나님이어서 모든 것을 용납하신다는 스님의 생각은, 성경의 내용도 기독교의 주장도 아닙니다.

2세기경 마르키온(Marcion)이라는 이단이 했던 착각과도 같습니다. 성경의 하나님은 구약이든 신약이든, 모두 공의와 긍휼의 하나님입니다. 구약의 하나님도 '노하기를 더디하시며 긍휼이 무궁하신 하나님'이시며, 신약의 하나님도 자신의 아들이 무죄하나 세상의 죄를 짊어지셨다는 이유로 십자가에 버려두신 공의의 하나님이십니다.

셋째, 예수님께서 선한 사마리아인의 예를 든 것은, 누구나 그런 선한 행위를 하면 구원받는다는 것을 가르치려 하신 것이 아닙니다. 성경을 읽어 보세요. 이미 하나님을 아는 하나님의 백성이 '이웃 사랑'을 하려 할 때, 그것이 진정 무슨 의미인지를 가르치려 하신 것입니다. 믿는 자는 반드시 선한 사마리아 사람처럼 이웃 사랑의 열매를 맺어야 한다는 것입니다.

하나님께서 받으실 만한 선한 행위란, 우선적으로 하나님을 받아들이고 신뢰하는 믿음에서 나오는 행실입니다. 씨앗을 심어야 생명이 자라고 꽃이 피고 열매를 맺는 것입니다. 돌을 아무리 닦고 거기에 무늬를 새겨도 그것이 생명이 있는 꽃이 될 수는 없는 것입니다.

넷째, 마태복음 25장에서, 스님은 지극히 작은 자를 도운 것이 최후 구원의 기준이라고 말하셨지요. 여기서 지극히 작은 자는 우선 마태복음 25:40에 나오는 대로, '여기 내 형제 중에' 지극히 작은 자입니다. 우선적으로는, 당시 가난하고 핍박받았던 순회 전도자들을 뜻합니다. 그 연장 선상에서 지극히 작은 자도 포함된다고 저는 봅니다. 하지만 핵심은 하나님을 섬기는 것을 전제로 한 것입니다. 하나님을 섬김이 이웃을 섬김과 절대로 분리될 수 없다는 뜻입니다. 이는 성경의 전체 문맥에서 보아야 합니다.

다섯째, 스님은 '예수님의 몸뚱이가 사흘 만에 살아났다는 것은 중요한 것이 아니라'고 하셨지요. 만일 그것이 중요하지 않다면, 성경 전체가 중요하지 않습니다. 예수님의 죽으심도 중요하지 않고요. 우리의 믿음도 헛것입니다. 기독교는 깨달음의 종교가 아닙니다. 하나님이 창조하신 물질세계는 한낱 환영(幻影)이 아닙니다. 육체의 부활이 없다면, 믿음은 헛것입니다.

"그리스도께서 죽은 자 가운데서 다시 살아나셨다 전파되었거늘 너희 중에서 어떤 사람들은 어찌하여 죽은 자 가운데서 부활이 없다 하느냐 … 그리스도께서 만일 다시 살아나지 못하셨으면 우리가 전파하는 것도 헛것이요 또 너희 믿음도 헛것이며 … 만일 그리스도 안에서 우리가 바라는 것이 다만 이 세상의 삶뿐이면 모든 사람 가운데 우리가 더욱 불쌍한 자이리라"(고전 15:12, 14, 19).

스님 말씀대로, 우리는 예수님의 가르침으로 돌아가야 합니다. 맞습니다. 하지만 그것보다 항상 더 중요하고 근거가 되는 것은, 예수님의 죽으심과 부활, 승천, 다시 오심에 관한 선포(kerygma), 새 하늘과 새 땅, 재창조의 소망입니다. 기독교는 실재하는 하늘의 통치가 역사 안으로 밀려들어 오는 초역사적 그리고 역사적 '사건'(事件)의 종교입니다. 마음속에서 일어났다 사라지는 '생각'의 종교가 아닙니다.

여섯째, 스님은 하나님이 창조주이시니 피조물인 스님을 통해서도 은혜를 끼칠 수 있다고 하셨지요. 맞기도 하고 틀리기도 합니다. 이 피조 세계는 여전히 하나님의 은혜를 입고 있지만, 동시에 하나님을 떠나 어둠과 거짓과 죄와 사망 가운데 있으니까요. 그래서 '썩어짐과 더러움과 허무함에 종속된' 자연 자체만을 보고는 하나님을 옳게 찾을 수 없습니다(롬 1:21-23). 하나님께서 주신 말씀에 의지해야 합니다.

이렇게 다 말씀드려도, 그리고 청년이 이 글을 다 읽을지라도, 그 청년이 다니는 금요 기도회가 참으로 실망스럽다면, 날마다 복 받으라 하고, 헌금 내고 봉사 많이 할수록 더 큰 복을 받는다 하고, 그러면서 안 믿으면 지옥 간다고 가르치는 그런 교회라면, 그의 마음은 여전히 풀리지 않을 것입니다.

마음 아픈 일입니다. 교회가 말씀을 바로 가르치지 않기 때문입니다. 우리의 자녀들이 아버지를 부인하고, 어머니를 부인하는 자리에 이르는 것을 보는 일은 고통스럽습니다. 하지만 아무리 못나도 교회는 우리의 어머니입니다. 어머니를 돌보아 건강하게 해 드리는 것이 자녀 된 도리라고 생각합니다.

또한 이번 기회를 통해, 교회는 믿음이 행함과 분리될 수 없음을 명심해야 합니다. '그들의 열매로 그들을 알리라'는 주님의 말씀을 결단코 잊지 말아야 합니다. 스님은 많은 사람을 위로하고, 어떤 면에서는 귀한 일을 하고 계십니다. 또한 기독교인에게 주시는 도전도 겸허히 받고 싶습니다. 다만

제가 불경을 잘 모르듯, 스님도 성경을 잘 모르시는 듯하여, 청년이 듣기에 오해가 없도록 몇 가지 말씀을 드렸습니다.

모쪼록 그 청년이 참으로 말씀 가운데 바르게 설 수 있기를 바랍니다. 또한, 말로만이 아니라 선한 행실로 복음을 전달하는 교회의 모습이 더욱 자극을 받기 바라는 마음도 간절합니다. 더불어, 어떻게 하면 다른 종교들 사이에서도 서로 합당하고 유익한 대화들을 이어 갈 수 있을지는 숙제로 남겨 두어야 하겠습니다.

> "너희 마음에 그리스도를 주로 삼아 거룩하게 하고
> 너희 속에 있는 소망에 관한 이유를 묻는 자에게는
> 대답할 것을 항상 준비하되
> 온유와 두려움으로 하고"_ 벧전 3:15

교회가 세상에 관여하는 방식

교회가 세상에 관여하는 방식에는 크게 두 가지가 있다. 하나는 교회가 받은 '특별 계시', 곧 예수 그리스도에 관한 복음을 액면 그대로 전하는 종교적이고 신앙적인 활동이다. 예수 그리스도의 교회로서 하나님 나라의 복음을 전해야 한다. 이런 '특별 은총'의 복음, 예수 그리스도의 복음은 모든 사람들에게 열려 있으며, 교회가 교회로서 선포하고 전해야 하는 복음이다.

    정치적 파당에 상관없이, 이념과 상관없이, 인종과 상관없이, 세대와 상관없이, 누구나 들어야 할 회개와 죄 사함과 생명의 복음이고 성령 안에서 사랑으로 화목하게 하는 복음이다. 교회는 이 복음, 예수 그리스도와 그의 나라에 대한 복음을 선포하고 살아 내도록 부르심을 받았다. 이것이 교회가 세상 속에 존재하는 가장 근본적인 이유이다. 예수 그리스도의 복음을 선포하는 교회로 살아가야 하는 것이다.

    교회가 세상에 관여하는 또 다른 방식은, '일반 계시'의 영역에서 하나님께서 모든 사람에게 주신 양심과 이성을 따라 선하고 정의로우며 합리적인 사안들을 지지하고, 악하고 불의하며 불합리한 사안들에 반대하며 저항하는 일에, 사회의 시민들과 함께 연대하고 참여하는 길이다. 교회가 직접적으로 교회의 이름을 걸고 하거나, 기독교의 이름을 내세우거나, 목사의 신분으로 이러한 정치적이고 사회적 사안들에 직접 의견을 표명하고 지지하거나 저항하기보다는, 시민들과 함께 시민의 일원으로서 그렇게 하는 것이다.

    이런 구분은 단순해 보이지만, 우리가 자주 실수하고 실패하여 많은 부작용을 일으키는 영역이다. 교회의 설교 강단에서 목사가 마이크를 잡고 자신의 정치적 입장을 성경 해석과 뒤섞어 그대로 설교하면, 그 설교자와 정치적 입장이 달라서 실족하고 시험에 드는 성도들이 반드시 생긴다. 설교단에서는, 성경적 가치와 하나님 나라의 가치를 전달할 수 있고 그래야 한다.

하지만 설교자가 정치적 입장까지 콕 집어서 강요해서는 안 된다. 가치를 전달하고 나면, 그 테두리 안에서 성도 각자가 하나님께서 주신 양심과 이성에 따라 스스로 판단하고 선택할 자유가 있다. 그 인격으로서의 자유를 빼앗아서는 안 되는 것이다.

교회가 머리에 띠를 두르고, 목사를 앞장세워서, 광화문이나 시청 앞 광장에 집단으로 나가 특정한 정치적 이념이나 입장을 지지하거나 반대하는 집회를 한다면, 세상은 교회를 편향된 정치 집단으로 볼 것이다. 그것은 누구나 하나님께로 돌아와야 하고, 누구나 예수 그리스도로 말미암아 하나님의 자녀가 되게 해야 하는 교회 본래의 복음적 사명을 훼방하는 일이 된다.

혹자는, 독일의 본회퍼 목사님이 나치 정권에 저항하여 정치 참여를 한 것은 어떻게 이해해야 하느냐고 물을 것이다. 당시 독일의 교회는 '국가 교회'였고, 일반 시민 사회도 '기독교 국가'라는 종교적, 사회적, 문화적 배경 안에 있었다. 반면에, 우리나라는 단 한 번도 '기독교 국가'가 된 적이 없다. 초기 정부의 건국 당시, 기독교가 영향을 크게 미친 바는 있지만, 역사적으로 기독교 국가로서 일반 시민 사회에서도 '하나님, 예수, 성령, 아멘, 할렐루야'가 아무런 저항감 없이 통용되던 시기는 단 한 번도 없었다는 사실을 기억해야 한다.

그래서 교회가 한국 사회에 영향을 미치고자 할 때는, '정의, 불의, 사랑, 안전, 생명, 복지, 공정' 등과 같은 일반적 용어들로 소통하는 차원에서 그렇게 하는 편이 적절할 것이다. 한국 교회는 여전히, 한국 사회 속에서 소수로 존재한다. 한때는 개신교가 비교적 큰 영향력을 끼칠 수 있는 위치에 있었지만, 그마저도 선한 영향을 준 만큼이나 부정적인 결과도 많이 남겼다. 사회는 교회에 대해 점점 더 적대적이 되어 가고 있다. 이런 때에, 교회는 사회를 향해 꾸준히 '선한 일들'을 많이 행해야 한다. 조금 오해받고 불이익을 당할지라도 참고 희생하며, 다시금 사회의 신뢰와 존경을 받을 때까지, 꾸준히 선(善)을 행하여야 한다.

선한 일이라면 적극적으로 세상 정부에 순복하고, 그것이 양심이나 이성의 합리적 판단에 따라 악한 일이라면, 교회의 이름으로 하기보다는 일반 사회의 고통당하는 시민들과 '연대'(solidarity)하여 이 사회의 불의와 악에 저항하고, 양심을 따르는 시민들과 함께 '선한 일에 협력하는 조직된 힘'을 지지하며, 그것을 통해 사회에 선한 영향력을 끼치는 방식이 지혜로운 일일 것이다.

그러므로 교회는 영적으로 악한, 보이지 않는 권세들과 세력들을 대항하여, 교회로서 '하나님과 그 아들과 새 하늘과 새 땅의 코이노니아'에 참여하라는 예수 그리스도의 복음을 선포해야 한다. 동시에 그리스도인들은, 사회적으로 악한, 눈에 보이는 권세들과 세력들의 '악한 카르텔'에 저항하여,

'선한 시민'으로서 양심을 따라 선을 행하고 덕을 세우는 일에 적극적으로 참여해야 한다. 그것이 하나님의 나라가, '빛과 진리, 생명과 사랑의 코이노니아'를 통해 이 땅에 임하기를 기도하는, 교회의 마땅한 삶이기 때문이다.

> "또 너희가 열심으로 선을 행하면 누가 너희를 해하리요"
> _ 벧전 3:13

칼뱅의 낯선 하나님

칼뱅은 종종 우리를 당황하게 한다. 그는 우리가 알고 있는 하나님과 다른 하나님을 알고 있는 듯이 말한다. 한번 읽어 보라: "사실, 우리가 조금이라도 분별력을 갖고 있다면, 우리는 누군가가 우리에게 그렇게 하라고 권하지 않더라도 하나님의 명예를 지키기 위해 열심을 낼 것입니다. 우리는 하나님이 그분의 명예에 대해 갖고 계신 열정으로 인해 불타올라야 하며, 누군가가 그분의 위엄을 더럽히거나 비방하는 것을 볼 때 크게 분노해야 합니다.

그러나 보십시오! 우리는 자신의 명예를 지키는 일에는 지나치게 몰두하면서도, 우상 숭배에 빠진 세상에서 하나님의 명예가 짓밟히고, 농담과 조롱의 대상이 되고, 심지어 갈가리 찢길지라도, 그 모든 일을 못 본 체합니다. 우리는 하나님의 명예를 지키는 일에 우리가 마땅히 해야 할 만큼의 노력을 기울이지 않습니다.

그러나 만일 우리가 계속해서 그 일에 게으르고 무관심하다면, 그래서 하나님 자신이 그런 식으로 우리에게 무시당하신다면, 그분은 그 일로 인해 우리에게 되갚을 것입니다."

확실히 이 시대의 신(神)은 '행복해야 하는 나'이다. 무엇이든 '나의 기분을 불쾌'하게 하는 것은, 그것이 신학이든 신앙이든 신이든 모두 틀린 것이다. 맛있는 것이 진리이다. 기분 좋은 것이 진리이고, 그래서 엔터테인먼트가 곧 종교이다.

삶을 누리는 것이야 당연한 것이지만, 정작 하나님은 저 멀리 계신다. 칼뱅이 성경을 통해 알았던 하나님이 우리에게 낯선 까닭은, 이 시대가 '내 기분'의 우상 숭배에 깊이 젖어 있기 때문이다. 이 모든 일에 하나님은 어떤 기분이실까?

하나님이 나를 위해 존재해야 하는 시대에 살고 있다. 복음이 그렇게 왜곡되었다. 그렇게 복음을 왜곡하고 팔아먹은 자들을 하나님께서 심판하시기를! 그 심판이 이미 시작되었다. 하나님의 영광의 복음을 더럽힌 교회는 스스로를 더럽히고, 더럽혀진 교회는 하나님의 이름을 더럽힌다.

실은 모든 것이 하나님의 영광을 위해 존재하건만, 우리는 자신을 그 자리에 놓았다. 하나님이 당신을 위해 봉사해야 하는 것이 아니다. 유사 복음에서 나오라. 당신은 하나님의 영광을 위하여 창조되었다. 인간에게 그것보다 더 큰 기쁨과

만족은 없다.

"이는 만물이 주에게서 나오고 주로 말미암고 주에게로 돌아감이라 그에게 영광이 세세에 있을지어다 아멘" _ 롬 11:36

예수님은 보수? 진보?

수업 시간에 학생이 물었다. "예수님은 보수입니까, 진보입니까?" "교회는 어떻게 정치에 참여해야 합니까?" 예수님은 보수이셨다. 그분보다 전통적 가치, 거룩과 경건을 추구한 분이 없었다. 오른손이 범죄하면 잘라 내고, 오른 눈이 범죄하면 뽑아내라 하셨다. 여자가 국그릇을 엎어도 이혼당할 수 있었던 유대 사회에서, 남자와 여자가 결혼으로 하나가 되면 아무도 나눌 수 없다고 하셨다.

그분은 진보이셨다. 죄인이라 낙인찍힌 자들과 함께 먹고 마셨다. 공식적으로, 습관적으로 그들에게 찍힌 낙인을 알면서도 열심당원이든 세리이든 그들과 함께 어울리심으로 종교적, 사회적 차별에 역행하셨다. 지금 같으면, 빨갱이라 낙인찍힌 자들뿐 아니라, 토착 왜구라고 낙인찍힌 자들과도 스스럼없이 어울리셨을 것이다.

하지만 당대의 바리새인들과 서기관들처럼 탐욕과 방탕

을 그럴듯한 말로 포장하는 가짜 보수가 아니셨다. 죄를 죄라 하셨지만, 죄인들의 친구가 되셨다. 반대로, 당대의 열심당처럼, 증오를 동력으로 삼고 위선의 탈을 쓴 가짜 진보도 아니셨다. 죄인을 환대하고 품으셨지만, 가서 다시는 죄를 짓지 말라고 하셨다.

"보수는 그분에게서 진보를 보았고, 진보는 그분에게서 보수를 보았다. 그들은 모두 그분에게서 아버지 하나님을 보았다"(『삶으로 드리는 주기도문』, 71쪽 인용).

동성애가 죄라면, 교회 세습도, 사법적 권력의 남용도 죄라 해야 한다. 교회 세습과 사회적 불의가 죄라면, 동성애도 죄라 해야 한다. 왜 거룩하시며 또한 정의로우신 하나님을 둘로 쪼개려 하는가? 기독교는 이념으로 나눌 수 없다. 말씀도, 예수 그리스도도 이념으로 나누어지지 않는다. 좌도 우도, 모두 죄인으로서 하나님 앞에 나아와 그 아들의 복음을 들어야 한다.

그래서 교회는 정치적 당파가 되어서는 안 된다. 하나님 나라의 가치를 선포하지만, 그 정치적 선택은 성도의 양심과 자유로운 선택에 맡겨야 한다. 하나님 나라는 자본주의보다 크고, 사회주의보다 크다. 하나님 나라의 가치 안에는 자유도 있고, 평등도 있다. 그 어떤 정치 체제도 하나님 나라와 일치하지 못한다.

교회는 하나님 나라의 가치를 적극적으로 선포하고 가르치고, 성도로 하여금 세상 속에서 시민으로서 그 가치를 실현하도록 인도해야 한다. 하지만 교회는 모든 죄인들이 하나님 앞에 나아오는 복음의 자리에, 그리스도와 함께 십자가 앞에, 하나님 보좌 우편에 그분과 함께 남아 있어야 한다.

"수고하고 무거운 짐 진 자들아 다 내게로 오라"_ 마 11:28

'다양성'과 '다원성'

왜 보수 교회, 성경의 권위를 최고로 여기는 보수 교회는 '성 정체성'에 관한 이 시대의 흐름을 수용하지 못하는 것일까? 그것은 단지 관용이나 환대의 결핍, 죄와 죄인의 구분 같은 문제 때문일까? 보수 교회가 '성 정체성'이나 '성적 취향'에 대한 이 시대의 흐름에 거부감을 갖는 직관적인 이유는, 오늘날의 다원주의적 '시대정신'(zeitgeist)이 주는 어떤 도발성 때문이다.

만일 인간의 성(性)이, 보수 교회가 성경을 따라 믿는 대로, 남자와 여자로서 하나님께서 창조하셔서 각 사람에게 '주어진 것'이라면, '성적 정체성을 자기 자신이 결정할 수 있다'는 사상은, 그렇게 함으로써 스스로 '신(神)의 자리에 올라서는 것'으로 느껴지게 되기 때문이다.

개인이 자신의 성(sex) 정체성을 스스로 결정할 수 있다는 사상은 그래서, 성경을 최고의 권위로 받아들이는 보수 교회에는 '신성 모독적'인 주장으로 들리게 된다. 자신의 성을 자신이 결정하는 행위 자체가 마치 스스로 하나님의 자리에 서 있는 것 같은 착각을 들게 하기 때문이다. 인간이 자신의 '성'을 스스로 결정할 수 있다는 생각은 어디에서 나온 것일까?

한참 전에, '스파이더맨 뉴 유니버스'(Spiderman New Universe)라는 영화를 본 적이 있다. 오늘날의 세대에게는 새롭지도 않고 어지럽지도 않은 영화이겠지만, 나처럼 뉴튼 물리학의 3차원적 세계에 익숙한 '근대적 인간'에게는 매우 혼란스러운 영화였다. 우리의 영웅 스파이더맨은 늘 보던 대로, 백인, 남자, 한 사람이 아니었다.

그것은 한 우주(universe)에 있는 한 영웅이고, 이 영화에 나오는 영웅들은 병행하는 우주들, 즉, '다중 우주들'(multi-verses)에서 활약하는 여럿의 스파이더맨들이었다. 여자 아이, 어린 소년, 그리고 돼지도 '자신의 우주' 안에서는 스파이더맨이었다.

내 머릿속이 분열되는 것처럼 느낀 것은, 내가 오늘날의 '다원주의'(多元主義)적 세계에 익숙지 못하기 때문이기도 하지만, 그 혼란에는 그 이상의 무엇이 있었다. 그것이 무엇이었을까? 조금 복잡하지만, 양자역학에서 파동처럼 양자도 유동적이라면 여럿의 양자들이 '무한으로 뻗어 나가는 우주'를 생각해 볼 수 있다.

현대 해석학도 마찬가지이다. 데리다(Jacques Derrida)의 '해

체주의'(Deconstructionism) 이후, 해석의 대상인 본문은 횡적으로 무한이 뻗어 나가는 다른 본문들의 연속성 속에서만 자신의 의미를 확정할 수 있다.

점점 복잡한 이야기인 것 같지만, 그렇지도 않다. '무한한' 하나님을 배제하고 나면, 사람들은 어디선가 그 '무한함'을 찾아야 하는데, 그것을 '다원'(多元)에서 찾고 있는 것이다. 절대 기준이 없으므로, 예컨대, 파란색이 파란색으로 규정되려면, 그 파란색 왼쪽에 놓여 있는 노란색이 '아니고', 오른쪽에 놓여 있는 빨간색도 '아니라'는 식으로 확인할 수밖에 없다.

그것을 더 확대하여, 횡으로 끝도 없이 펼쳐지는 그 '다름' 속에서 '나의 정체성'을 찾는 것이다. 그래서 데리다가 제안한 것처럼, 나와 다른 타자에 대한 '환대'가 그토록 중요해진다. 어떤 절대자가 아니라, 그 '낯선 타자'의 다름이 나의 나 됨을 규정해 주기 때문이다.

오늘날 청년들 가운데는 자신의 '성 정체성'에 대해서 남자와 여자라는 '한 우주 안에서의 다양성'에 만족하지 않는 이들이 있다. 그 세계는 이미 '해체'되었다. 여기서, '다양성'(多樣性)과 '다원성'(多元性)은 다르다.

'다양성'이란 '하나의 단일하고 조화로운 체계'를 전제한다. '다원성'은 체계 자체, 우주 자체가 여럿이다. 즉, 하나의 우주 안에 하나의 중심이 있는 것이 아니라, 무한히 병행하는 우주들 안에, 각기 그 안에 다른 중심들이 있는 것이다. 나의 '성'(sex)을 내가 결정한다는 '시대정신'의 저변에는 이런 생각들이 깔려 있다.

그것은 '혼돈'(chaos)이다. '하나의 세계' 즉, 그 세계의 창조주가 스스로 분열되어 있지 않고, 삼위 하나님으로서 다양성을 가지면서도 세계를 하나로 붙들고 있는 조화로운 우주를 전제한다면, '다양성'의 무지개를 좇는 '다원주의', 그것도 횡으로 무한히 뻗어 나가며, 타자의 다름을 통해서만 자신의 정체성을 찾게 되는 병행 우주는 황량한 '혼돈'일 수밖에 없다.

그들에게 '성'(性)은 남성과 여성만 있는 것이 아니다. 중성, 양성, 혼성, 그리고 무성(無性)도 있고, 이제는 시시때때로 '성'을 바꿀 수 있는, 즉, 오늘은 남성이고 내일은 여성일 수 있는 '젠더 플루이드'(gender-fluid)도 가능하다. 마치 병행 우주들을 수시로 바꾸어 가며 드나드는 '초인적(超人的) 자유'를 누리는 것이다.

오래전, 시몬 드 보부아르는, '상상 속의 죄악은 화려하고 흥미진진하지만, 실제로 죄의 세계는 황량하고 지루한 사막 같은 것'이라고 말한 적이 있다. '다원주의적' 세계가 그럴 것이다. '다양함'이란 '하나의 통합된 세계'를 전제하고 그 '통일성' 속에 있는 '다양함'을 가리킨다. 거기에는 창조주가 약속한 조화와 생명의 충만이 있다.

'다원주의'의 '다원성'에는 모든 우주들을 통합하는 하나의 세계, 그 세계를 주관하는 '하나의 주관자'가 없다. 각자가 각자의 우주의 주인이지만, 그것은 감옥처럼 외롭고 고독할 것이다. 어쩌면, 오늘날 '성 정체성'의 혼돈을 겪는 이 새로운 세대는 이런 황량한 광야를 걷고 있는지도 모른다.

그들에게 필요한 것은 무엇일까? 나는 복음이라고 생각한다. 이 황량한 광야로 친히 들어오신 그 아들 예수 그리스도의 은혜와 진리, 생명의 복음이다. 그분만이, 그분의 말씀과 그분의 영, 곧 성령께서만이 그들의 모든 '우주들' 속으로, 그 각자의 우주 속에 갇혀서 '신[神] 놀음'(playing God)을 하는 그들에게 다가가실 수 있다. 그 복음을 어떻게 '우리가, 교회가' 전해야 할지, 그것이 진짜 고민거리이다.

사실, '신 놀음'은 보수 교회의 전유물이기도 하다. 우리도 예배당을 숭배하고, 사람인 목회자를 숭배하고, 돈을 숭배하고, 탐욕을 숭배한다. 그 세계 역시 해체의 대상이다. 그렇게 보면, 우리 모두가 형태는 다르지만 어쩔 수 없는 죄인들이다.

그렇다고, 죄가 죄가 아니게 되는 것도 아니지만, 모두가 참으로 우리의 죄를 용서하시고 '없이하실 수 있는' 그 아들의 복음 앞에 엎드러져야만 한다. 거기에 이 광야를 벗어나는 길이 있으리라. 거기에, 수많은 파편처럼 조각나 버린 이 아프고 비참한 세계를 오직 그의 말씀으로 붙드시며, 결국 풍성한 다양성 안에서 조화와 생명의 동산으로 회복하시는 삼위 하나님의 나라가 열릴 것이다.

> "우리의 씨름은 혈과 육을 상대하는 것이 아니요
> 통치자들과 권세들과 이 어둠의 세상 주관자들과
> 하늘에 있는 악의 영들을 상대함이라" – 엡 6:12

세상에 '감동'을 주는 교회

가슴이 탄다. 이런 고통스러운 위기를 당한 때에, 사회는 교회를 칭찬하는 분위기여야 맞다. 낡은 천으로 마스크를 만들어 복지 센터에 놓고 가신 그 팔순의 할머니처럼, 교회는 이 어려움을 당한 사회에 감동을 남기고 있어야 맞다.

'교회여 감사합니다'라는 소리를 듣고 있어야 맞다. 행정 공무원들이 규모가 크고 넉넉한 교회에 전화해서 위기에 처해 고통당하는 작은 교회들의 월세를 도와 달라고 요청하기 전에, 이미 형제 된 교회들뿐 아니라, 지역 사회의 생계가 곤란해진 주민들에게 예배 헌금, 특별 기금이라도 모아 전달했어야 했다.

더구나, 일부 부주의했던 교회들이 행정 지도를 받는다는 뉴스에 수없이 달리는 조롱의 댓글들을 보면 가슴이 탄다. 예배가 왜 권리가 아니겠는가. 특정한 장소에 집단으로 모여 예배하는 것을 방역을 위해 금지한다는 데에도, 그것을 종교 탄압이라고 느낀다면 그럴 수도 있을 것이다. 누가 하나님께 대한 그 충정, 교회에 대한 그 충정을 의심하겠는가.

하지만 설사 정부 정책이 공평하지 않아서 억울한 일을 당하고, 세상이 어떤 이유로든 기독교를 탄압한다 해도, 교회는 예수님이 가신 길을 따라갈 수밖에 없다. '악을 악으로, 욕을 욕으로 갚지 말고 도리어 복을 빌' 수밖에 없는 것이다. 세상의 비방하는 말, '어리석은 사람들의 무지한 말을 막는' 하나님의 방법은, 교회의 '선행'밖에 없다(벧전 2:15).

교회는 세상에서 자신의 권리를 주장하는 이익 단체로 존재하지 않기 때문이다. '교회가 선교하는 것'이 아니라, '교회가 곧 선교'이다. 우리에게 항의하고 우리를 비방하는 그 대상이 우리의 전도 대상이요, 그들을 섬기는 것이 교회의 존재 목적이다. 그런 교회가 외딴섬이 되어 가고 있다는 사실을 가슴 아프게 바라보고 있다. 이 사회에서 개신교 목사의 말을 신뢰하지 않는다는 부정적 평가가 무려 70%에 육박한다는 통계를 들었다. 2020년 통계 조사이다. 사회의 70%가 이미 마음을 닫고 있다.

세상의 비방을 잠재우는 길이 무엇일까? 머리에 띠를 띠고 항의하며, 인원수가 많은 것으로 위협할까? 옳고 그른 것을 말할 수는 있지만, 우리가 그렇게 처절하게 예배하는 우리 주님은 정작 비방에 비방으로, 위협에 협박으로, 힘에 힘으로 대응하지 않으셨다.

"욕을 당하시되 맞대어 욕하지 아니하시고 고난을 당하시되 위협하지 아니하시고"(벧전 2:23). 옳고 그르다고 믿는 것을 정당한 방식으로 항의할 수도 있을 것이다. 그러나 우리는 늘, 복음은 옳고 그른 것을 넘어서서 하나님의 무조건적인 은혜로 받는 구원이라고 확신하지 않는가.

그런 은혜로운 하나님을 목숨을 걸고 예배하는 교회가 이런 때에, 옳고 그른 것을 떠나, 자신을 비방하는 '죄인들'을 향해 무조건적으로 희생하신 주님을 따라, 억울해도 선한 행실을 통해 먼저 희생하는 모습으로 감동을 주는 길이, 진짜 예배이지 않을까. 항의를 뛰어넘는 감동이 필요하다. 가슴이 타서 기도할 수밖에 없다.

> "선한 양심을 가지라
> 이는 그리스도 안에 있는 너희의 선행을 욕하는 자들로
> 그 비방하는 일에 부끄러움을 당하게 하려 함이라
> 선을 행함으로 고난 받는 것이 하나님의 뜻일진대
> 악을 행함으로 고난 받는 것보다 나으니라" – 벧전 3:16-17

악화되는 지구 환경, '노아의 언약' 그리고 '새 하늘과 새 땅'의 복음

지구 환경이 위험 수위에 놓여 있다는 사실은 어제오늘 일이 아니다. 모두가 위험을 느끼고 있지만, 무엇을 어떻게 해야 할지 모르는 채, 마치 브레이크가 고장 난 차 안에 갇혀 언제 어디서 무엇과 부딪힐지 모르는 도로를 질주하는 형국이다.

플라스틱이 위장에 가득 찬 채 죽어 버린 물고기나 갈매기, 또는 어망(魚網)에 목이 뒤엉켜 숨을 못 쉬고 죽어 가는 바다표범을 보는 일은 이제 흔한 광경이 되어 버렸다. 우리가

일회용으로 쓰고 쉽게 버리는 플라스틱은 오랜 시간에 걸쳐 잘게 부수어진 미세 플라스틱이 되어 바닷속을 떠돌다가, 결국 우리가 먹는 물고기나 식수(食水)를 통해 우리 몸에 들어와 쌓이게 된다.

지구의 연평균 기온이 조금씩 상승하는 속도도 훨씬 빨라졌다. 지금의 상태에서 1.5도나 2도 정도 더 높아지면, 남극의 빙하가 녹는 양이 늘어나고, 더 빨리 녹으면서 해수면의 급격한 상승으로 이어져 멀지 않은 미래에 지구의 수많은 해안 도시들이 물에 잠기고 말 것이라고 한다. 잘 알려진 세계의 몇몇 대도시들은 이미, 해안에 높은 방제 둑을 쌓는 계획에 엄청난 예산을 투입하기 시작했다.

더 심각한 것은, 대기 중에 지속적으로 축적되는 이산화탄소로 인해 오존층이 얇아져 빙하가 계속 붕괴되고, 결국 지구의 냉방 시스템이 고장 나, 지구촌 곳곳에서 걷잡을 수 없이 강도 높은 이상 기후의 파괴적인 현상들이 터져 나오고 있다는 사실이다.

사스, 메르스, 코로나19처럼 근래에 점점 더 잦아지는 전 세계적인 감염병 현상도 근대 이후의 산업화와 자본주의의 무분별한 동물 서식지의 파괴와 관련이 깊다는 분석이 지배적이다. 이처럼, 지구 환경이 급격히 나빠지고 있는데, 세계 각국의 정치 지도자들이 이런 문제에 함께 힘을 합칠 수 있으리라고 기대하기는 어렵다. 각 나라마다 눈앞에 있는 자신의 이익이 급선무이기 때문이다. 그래서 어쩌면, 모두가 뻔히 알고 있지만 결국 아무것도 할 수 없는 상황이 올 수 있다는 것이다. 그야말로 인간의 탐욕과 이기심이 돌이킬 수 없는 지구의 파멸을 가져올 수도 있는 것이다.

이렇게 지구 환경이 점점 더 악화되는 현실은, 기존의 세대보다는 다음 세대에 더 암울한 그림자를 드리운다. 어쩌면 서구 17세기 이후 근대화 세대가 망가뜨려 놓은 지구 환경을 이제 후기 근대화 시대, 그리고 그 이후를 살아가야 할 다음 세대들이 떠맡은 것이다. 이들은 이렇게 망가져 가는 지구를 어떻게 지켜 내고, 되돌리고, 회복시킬 수 있을 것인가?

이것이 오늘날 예수 그리스도의 교회들이 힘써 '노아의 언약'과 '새 하늘과 새 땅'의 복음을 연구하고 배우고 선포하고 실천하며 살아야 하는 이유이다. 복음이란 무엇인가? 종교개혁의 후예들인 우리에게 익숙한, '율법의 행함이 아니라 오직 그리스도를 믿음으로 은혜로 구원받는다'는 복음은 그 자체로 '영원한' 진리이지만, 동시에 16세기 서구 중세 교회로부터 근대 세계를 해방시킨 '시대적' 진리이기도 하다.

그래서 근대화의 선조(先祖)들이 산업화 문명으로 파괴하고 망가뜨린, 이 신음하는 지구 위에서 계속 살아가야 하는 후기 현대 사회의 자녀들을 위해서, 우리는 '복음이란 무엇인가'를 새롭게 물어야만 하는 것이다. 복음이란 무엇인가? 지구가 그 끝을 향해 달려가는 듯이 보이는 이런 시대에, 과연 예수 그리스도의 복음은 어떻게 우리에게 여전히 '기쁜 소식'이 될 수 있는가?

우리는 '노아의 언약'에 주목할 필요가 있다. 창세기 9장에 기록된 이 언약은, 신약 시대를 살아가는 우리 곧 '새 언약 백성'에게 주어진 '새 하늘과 새 땅'에 관한 약속의 뿌리이기 때문이다. 노아의 언약을 들여다보면, 자연 곧 지구 환경을 대하는 우리의 태도를 사뭇 획기적으로 바로잡아야 할 만큼 놀라운 표현들이 눈에 띈다.

물론 하나님께서는 타락 이후 인류에게 '산 동물들'을 먹을 식량으로 주셨다. 하지만 '그 고기를 그 생명 되는 피째 먹지 말라'고 명령하신다. 창세기 본문에서는 '사람의 피'와 '짐승의 피'라는 표현을 병행하여, 사람의 생명이 존귀하다면 짐승의 생명도 존귀함을 천명한다. '사람의 피'이든 '짐승의 피'이든 '생명'이라는 점에서 모두 하나님께 속해 있는 고귀한 선물임을 깨닫기를 요구하시는 것이다(창 9:1-6).

더 놀라운 사실은, 하나님께서 자신의 그 '영원한 언약'을 노아를 비롯한 자녀들, 곧 언약 백성과만 맺으신 것이 아니라는 것이다. 하나님은 그들뿐만 아니라, 그들과 함께한 '모든 생물 곧 너희와 함께한 새와 육축과 땅의 모든 생물', 결국 '나의 세상'을 상대로 언약을 맺으셨다!(창 9:9-12)

생각해 보라. 교회는 자신이 하나님께로부터 언약을 받은 백성이라는 자부심, 즉, 하나님께서 언약을 맺으신 특별한 대상이라는 자부심이 얼마나 강한가. '우리는 언약 백성이야. 택함받은 백성이야!' 이것이 옛 언약 백성이었던 유대인들의 교만의 뿌리였고, 오늘날 새 언약 백성 된 교회가 특권처럼 여기는 표지이기도 하지 않은가.

그런데 놀랍게도 하나님께서는, 우리가 포악하게 잡아먹기도 하고, 자주 가두고 함부로 대하기도 하는 동물들, 생물들, 그리고 재산 증식을 위해 마구 헤치고 파괴하는 자연환경, 곧 이 세상을, 우리와 마찬가지로 '그와 더불어 언약을 맺으시는 존귀한 대상'으로 대하고 계시지 않은가!

그러니까 우리가 하나님의 언약 백성으로서 자부심이 있다면, 그런 자부심을 우리가 대하는 동식물들, 자연환경, 피조물 된 이 세상에도 마찬가지로 돌려주어야 하는 것이다. 언약 백성인 우리가 존귀하다면, 언약 백성인 우리는 이 피조 세계도 그만큼 존귀하게 대하여야 마땅하기 때문이다.

한 걸음 더 나아가 보자. 주께서 '네 이웃을 네 몸과 같이 사랑하라'고 하셨을 때, 그 '이웃'의 범주 안에는 단지 모든 사람들뿐 아니라, 동식물과 피조 세계 전체를 포함해야 마땅하지 않을까? 이렇게 읽기 시작하면, '공중에 나는 새'를 기르시고 또 '들에 핀 백합화나 들풀까지' 친히 입히시는 하늘 아버지를 알려 주신 예수님의 말씀도 예사롭게 들리지 않는다.

실로, 동식물을 포함해서 온 피조 세계는, 하늘의 아버지 하나님께서 친히 먹이시고 입히시며 돌보시는 '그의 동산(garden)'이다. 우리가 욕심대로 파괴할 수 없고 그래서는 안 되는 '하나님 없는, 주인 없는 황무지'가 아니다. 인간의 '과학적인 이성(理性)'을 최고의 권위로 삼았던 서구의 '근대'(近代)가 자연을 이토록 황폐하게 파괴할 수 있었던 것은, 자연 세계란 혹시 창조주가 있었다고 하더라도 그런 신(神)이 더 이상 관여하지 않는 단지 '물질 덩어리'라고 보았던 '이신론'(理神論, Deism)을 숭상했기 때문이었다.

그래서 근대의 자연 파괴의 참혹한 피해를 오롯이 떠안게 된 오늘날의 '후기 현대주의'는, 자연세계에서 하나님을 몰아내고 이 우주를 '비신화화'(de-mythologizing)한 과거의 오류를 반성하면서, 다시금 이 우주를 '재신화화'(re-mythologizing)하여, 이 자연세계는 어떤 신적인 존재에 잇닿아 있는 신비한 존재라고 생각하고 싶어 하는 것이다. 이렇게 보면, 그 오래된 노아의 언약이 얼마나 현대적이며 얼마나 미래에 대해 앞서 있는 예언적 비전(prophetic vision)인지 감탄할 수밖에 없다.

신약 성경에 들어오면, 새 언약 백성은 이 '노아의 언약'이 온전히 성취될 '새 하늘과 새 땅'의 약속을 받게 된다. 이 '새 하늘과 새 땅'은 어떤 곳인가? 비록 같은 '하늘'이요 같은 '땅'이지만, 동시에 '새로운' 하늘과 땅이다. 하나님께서 노아에게 약속하신 대로, 하나님은 지금의 이 세상을 완전히 멸망하지 않으신다. 자신이 창조하신 이 세상을, 그 죄와 죽음과 허무에도 불구하고, 버리지 않으신다. 반드시 고치시고 회복하시고 재창조하신다.

그래서 주께서 새 언약 백성인 교회에 약속하신 새 하늘과 새 땅은, 지금의 하늘과 땅과는 같은 창조 세계의 '연속'(continuity)이지만, 동시에 '전혀 다를'(radically new) 것이다. 어떤 점에서 그 '두 번째 하늘과 땅'은 전혀 '새로울' 것인가?

베드로후서 3장은 새 하늘과 새 땅의 특징을 '의(righteousness)가 거하는' 곳이라고 특징짓는다(벧후 3:13). 그렇다면 지금의 첫 번째 하늘과 땅, 우리가 사는 세상은 '모든 의'가 파괴된 곳이라는 뜻이 된다.

실로 그러하다. 성경에서 '의'(義)는 우선적으로 '바른 관계'를 뜻한다. 지금 우리가 사는 이 세상은 하나님과의 관계, 나 자신과의 관계, 이웃과의 관계, 자연 세계와의 관계가 모두 깨어지고 왜곡되고 파괴된 채로 신음하고 있다. 그 모든 어그러진 관계들이 회복되고 더 나은 관계로 재창조되는 그 날, 그곳이 '새' 하늘과 '새' 땅이 될 것이다.

그러니까, 다시는 더러움이나 죄가 없는 곳, 다시는 썩어짐이나 죽음이 없는 곳, 그리고 다시는 쇠하여 사라지는 허무에 종노릇하지 않아도 되는 영원한 의와 생명과 사랑의 나라가 오는 것이다(벧전 1:3-4). 그것을 어떻게 확신할 수 있는가?

이미, 예수 그리스도께서 이 땅에 오셔서, 십자가로 '더러움' 곧, 죄의 권세를 파멸하시고, 그의 부활로 '썩어짐' 곧, 죽음을 이기셨다. 그리고 승천하사 하나님 보좌 우편에 앉으셔서, 거기로부터 쇠하지 않는 영원한 하나님의 영 곧, 성령을 이 땅에 보내셨다. 이제는 누구든지 예수 그리스도를 믿으면, 죄의 더러움과 죽음의 썩어짐과 허무에서 해방되어, 의와 생명과 사랑의 영원한 삶을 살게 된다.

예수 그리스도를 통해, 그 새 하늘과 새 땅이 '이미'(already) 이 더럽고 썩어져 가는 세상 안으로 실제로 들어온 것이다!

주께서 선포하신 대로, '하나님 나라가 가까이 왔다'(마 4:17). 이것이 복음이다. 새 언약 백성인 교회는 이미, 지금, 여기에서, 그 새 하늘과 새 땅의 삶을 사는 것이다. 그리고 '아직'(not yet)은, 장차 주께서 다시 오실 때, 그 '새 하늘과 새 땅'을 가져오시며 '만물을 새롭게 하실' 그날을 바라보고 기다리는 것이다(계 21:1-3).

무엇보다 오늘도, 지금, 여기서, 세상에서 더러움과 싸우며, 썩어지는 것들에 저항하며, 온갖 탐욕의 허무한 일에서 해방되어, 의와 생명과 사랑의 싹을 틔우고 꽃을 피우며 그 열매를 맺어 가는 '새 하늘과 새 땅'의 사람들로서 우리의 이웃들을 돌보고 섬기며 살아가야 하는 것이다.

중요한 것은, 그렇게 '내 몸처럼 사랑해야 하는 이웃'에는, 인간의 탐욕으로 인해 온갖 오염과 썩어짐에 시달리는 모든 피조물들, 동식물과 이 자연 세계도 포함되어야 한다는 점이다. 그리하여 원래 에덴동산에서 아담과 하와에게 주어졌던 사명처럼, 하나님의 피조 세계를 하늘의 하나님 아버지의 자비하신 뜻대로 섬기고 돌보는 '둘째 아담'이신 그리스도께 속한 자들, 곧 새 언약 백성으로 회복되어야 한다.

> "그 바라는 것은 피조물도 썩어짐의 종노릇 한 데서 해방되어 하나님의 자녀들의 영광의 자유에 이르는 것이니라"_롬 8:21

우리의 약함을 통해 일하시는 하나님의 강하심

약자들이 행복한 공동체

자아실현, 곧 자신이 원하는 바를 이루는 것이 가장 큰 가치이고 목적인 시대에, 가장 불행한 사람들은 약자들이다. 가장 쉽게 상처받고 피해를 입는 자들은 스스로를 지킬 수 없는 자들이다. 한 가정이 깨어지면 그것은 곧 그 가정을 지붕 삼아 깃들고 있는 어린 새 같은 아이들에게는 세계 대전이 일어나는 것과 같다. 그를 보호하고 있는 세계가 둘로 쪼개어진다. 예수를 따른다는 것은, 피해에 속수무책인 사람들을 배려한다는 것을 뜻한다.

구약의 하나님은 과부와 고아의 아버지이셨다. 예수님은 쫓겨나고 잃어버린 자들의 목자이셨다. 참으로 강한 공동체는 약자들이 활개를 치고 다니는 공동체이다. 가정이 그렇다. 가장 약한 아이가 아빠의 등에 올라타고 배 위에서 뛰며 논다. 가장 의존적인 갓난아이가 울어 젖히면, 깊은 밤중이라도 다 큰 어른 두 사람이 벌떡 일어나 시중을 든다.

어린아이들, 청소년들이 불행한 사회는 정말 불행한 사회이다. 어린아이들이 멍이 들고 청소년들이 꿈을 잃으며 노인들이 좌절하는 사회는, 그 무엇으로 치장해도 국력이나 소득 수준에 상관없이 극히 허약한 나라이다.

신앙은 개인의 자아를 실현하게 하는 데 그 궁극적 목적이 있지 않다. 신앙은 나와 하나님과의 관계, 이웃과의 관계를 실현하게 하는 데에 목적이 있다. 사실, 올바른 관계를 실현하는 것이 곧, 진정한 자아실현이다. 여기에 자기를 부인하는 것과 십자가를 지는 일이 필연적으로 따라온다. 그것은 종종 만족스러운 삶일 수 없다. 그것은 자주 억울한 삶일 수도 있다.

그것은 언제나 종말과 그 후에 오실 그분과 그분의 나라를 기다릴 수밖에 없는 삶이다. 그래서 애통하는 자가 복이 있다. 더는 주님을 기다릴 필요가 없는 자기만족의 삶이 아니라, 그분이 오셔서 위로하시지 않으면 위로받을 길 없는 삶, 동시에 그분이 소중하게 생각했던 것을 함께 소중히 보듬는 삶, 그런 삶이 예수를 따르는 사람들의 삶이다. 어느 길로 내달리고 있는가?

"이와 같이 이 작은 자 중의 하나라도 잃는 것은

하늘에 계신 너희 아버지의 뜻이 아니니라"_ 마 18:14

사람을 세우고 있는가!

예수님은 하나님께서 교회와 세상 위에 세우신 최고의 목자이다. 모든 지도자들은 예수께 배워야 한다. 그분이 기준이다. 정치 지도자이든, 회사의 회장이든, 교회의 목사이든, 모든 지도자들은 예수의 지도력이라는 기준에 의해 판단받을 것이다. 긍휼과 공의, 그것은 참된 지도력의 뚜렷한 표징이다. 약한 자들에게 잔인하고, 불의한 자들을 호위하는 지도력은 하나님의 통치, 예수의 지도력과는 거리가 멀다.

목자 되신 예수의 사역의 중점은 제자들을 세우는 데 있었다. 헤롯은 기념비적인 건물을 세워서 자신의 위대함을 보여주려 애썼지만, 예수님은 기적을 베푸신 후 사람들이 몰려드는 상황에서 자주 물러나시며, 친히 제자들을 세우는 데 힘쓰셨다.

권세 있는 자들은 자주 거대한 업적을 이루어 자기 영광을 드러내려 하지만, 참목자이신 그분은 사람들을 세워 자신의 영광으로 삼으신다. 사도 바울도 그 시대의 황제들처럼 엄청난 건축물들에 삶을 쏟지 않았다. 대신, 그가 목숨을 다해 섬기는 성도들을 자신의 기쁨이요 면류관으로 삼았다.

기독교는 눈에 보이지 않는다. 원래 신앙은 손에 잡히지 않는다. 하나님의 나라는 이렇게 소리 없이 사람들을 세우는 사역자들에 의해 전진한다. 당신은 어떤 사람들을 어떻게 세우고 있는 중이며, 그들을 위해 무엇을 어떻게 하고 있는가?

> "나의 사랑하고 사모하는 형제들,
> 나의 기쁨이요 면류관인 사랑하는 자들아"_ 빌 4:1

약함의 사역자

강하고 능력이 있어야 사역을 잘할 것 같지만, 사역자의 강함은 도리어 그의 약함에서 나온다. 양 무리의 죄악을 자기 것처럼 느끼고 아파하는, 하나님의 신실하심을 기억하기 때문에 악을 악으로 갚지 못해 어쩔 줄 몰라 하는, 하지만 자신이 범한 작은 죄 하나를 불꽃같은 그분의 눈앞에서 피할 길 없어 두려움에 사로잡힌 연약한 사람.

진짜 사역자의 진짜 능력은 약함에 쉽게 울고 거짓에 쉽게 분노하고 우왕좌왕 혼돈스러워하는 그 연약함에 있다. 그런 것이 없다면, 뻔뻔하고 능력 있고 찬양 잘하고 설교 잘하고 모든 것을 가진, 그러나 주님을 버리고 주님도 그를 버린, 살았으나 죽은 사역자가 될 것이다.

예레미야는 울었고 아모스는 분노했다. 예수님도 우셨고 예수님도 분노하셨다. 그분은 너무도 약해서, 자신은 아무 죄도 없었지만 모든 죄를 지은 사람처럼 찌르는 대로 당하셨다. 자기 백성의 아픔과 받을 징벌을 차마 다 보지 못할 만큼 약한 분이셨다. 예수님은 그 많으신 긍휼로 무력하게 무너지기로 하신 분이다.

약함이 강함이다. 사역자는 약함으로 사역한다. 강해지지 말라. 굳어진 마음은 이미 죽은 것이다.

"그러므로 도리어 크게 기뻐함으로
나의 여러 약한 것들에 대하여 자랑하리니
이는 그리스도의 능력이 내게 머물게 하려 함이라" _ 고후 12:9

상처받은 치유자들아

이 밤에 수고하였다. 박봉의 전도사들아.
상처받은 치유자들아. 너희도 절며
너희도 쓸쓸하며 너희도 주리며,
누구를 돕겠다고 누구를 사랑하겠다고

주께서 주신 그 사랑, 그 사랑 버리지 못해

모른 척 못 해, 오늘도 이 아픈 교회들을 붙잡고
오늘도 절며 돌아오는구나. 수고하였다.

사랑하는 자들아. 가난한 사역자들아.
애통하는 자들아. 무력한 자들아.
하나님의 나라가 너희들의 것이다.
사랑밖에 없으리. 가진 것이 그분의 눈물밖에.

무력한 사역자들아. 상처받은 치유자들아.
너희의 눈물 속에. 너희의 사랑 속에.
너희의 헌신 속에. 주께서 자신의 양 무리를
맡기시리. 그분의 양들을, 그분의 사랑으로.

"그 주인이 이르되 잘하였도다 착하고 충성된 종아" _ 마 25:21, 23

사명과 사랑

사명(使命)과 사랑, 우리는 신앙을 너무나 자주 사명으로만 이해합니다. 툭하면, 사명이고 일입니다. 하지만 사명은 사랑 없이 감당하지 못합니다. 사랑 없는 사명은 자기 일입니다.

주님은 일을 시키기 전에, 도중에, 그 끝과 이후에도, 함께

하자고 말씀하십니다. 하나님께서 부르신 사람들을 보십시오. 다 함께하겠다고 하셨습니다. 사랑과 사귐이 먼저입니다.

사명의 내용도 결국 그분과 함께하라는 것, 사랑 가운데 있으라는 것입니다. 일하다가 죽지 마세요. 사명이라는 이름으로 남도 속이고 자기도 속이지 말아야 합니다.

그분과 함께 있고 그분의 사랑을 받고 그 사랑 속에 있는 것으로도 많은 일을 할 수 있습니다. 그래야 당신의 일이 아니라 그분의 일이 됩니다.

그분의 일을 하려면 그분과 함께 있어야 합니다. 일만 하는 사람은 일만 시킵니다. 사랑이 일입니다. 그분을 받고 그분을 주는 일입니다. 사랑이 사명입니다.

> "이에 열둘을 세우셨으니 이는 자기와 함께 있게 하시고
> 또 보내사 전도도 하며"_ 막 3:14

대표 기도

질문: 교수님, OOO입니다. 주일 예배에서 대표 기도는 정확히 어떤 의미를 지니고 있나요? 그리고 어떤 내용으로 기도해야 하나요?

답: 제가 생각하는 바람직한 대표 기도는 이렇습니다.

(1) 부디, 짧게 하십시오. 3분 정도면 충분하다고 생각합니다. 다른 순서들도 있지 않습니까? 특별히 말씀을 전하는 설교 시간을 빼앗지 마십시오.

(2) 하나님께 하십시오. 모든 기도는 하나님께 드리는 것입니다. 공중 기도에서 가장 큰 유혹은 사람들 들으라고 기도하는 것입니다. 이 유혹을 이기십시오. 대표 기도하면서, 설교하지 마세요. 창세기부터 요한계시록까지 꿰뚫어 말하지 마세요. 가르치는 시간이 아니라, 한마음으로 감사하고 간구하는 시간입니다.

(3) 성도들의 사정을 깊이 생각하십시오. 하나님의 말씀에 비추어 볼 때, 성도들의 가장 절실한 기도 제목들을 생각해 보세요. 말할 수 없는 탄식으로 기도하는 성령님 안에서 성도들을 위하여 기도해 보세요. 그리고 그 기도 제목들 중 두세 가지만 추려 기억해 두세요. 특별히, 교회 안의 어려운 분들이나, 교회가 정한 '말씀에 합당한' 목표들을 위해 기도하세요.

(4) 성도들을 위한 간구라고 할 때, 그것은 '모든' 성도들을 위한 간구입니다. 성도들 간에 이견이 있는 문제에 대해 한쪽을 택해, 편향성을 보이지 않도록 유의해야 합니다. 나라

와 민족을 위해 드리는 간구 역시, 정치적으로나 사회적으로 자신의 편향된 견해를 내세워 성도들을 설득하려는 기회로 삼지 말아야 합니다.

'대표' 기도는 '모든' 성도들을 대표하는 시간입니다. 설교도 그렇지만, 대표 기도하는 자도 결코 이것을 잊어서는 안 됩니다. 복음은 모두를 위한 것입니다. 설교의 자리도, 대표 기도의 자리도 일개인의 편향성으로 더럽혀서는 안 됩니다.

(5) 예배의 순서 맡은 자들을 위해 '간략한' 간구들도 포함하세요.

(6) 기도문 없이 하는 것이 바람직하지만, 간단한 제목들이라도 적어 두거나, 아니면 3분 안에 끝날 수 있도록 미리 원고를 준비하는 것도 좋습니다.

(7) 대표 기도는 '제사장 된 마음'으로 해야 합니다. 성도들을 위하여 울고, 그 간구들을 하나님께 가져가는 마음으로 하십시오.

부족한 대로, 이 정도면 덕스러운 대표 기도가 될 것입니다.

"교회의 덕을 세우기 위하여 그것이 풍성하기를 구하라"
― 고전 14:12

신학생

신학생들을 보면 눈물이 난다.
지독한 가난 속에서도,
정신 질환에 걸린 어머니,
폭력적인 아버지,
끝없는 가난 속에서도 온다.
병든 부모님,
어려운 처지의 동생들도 있는데,
부모가 등을 돌린다는데,
아버지가 지긋지긋한 가난 속에서
목회를 하고 병들어 누워 계신데,
그 아들이 딸이 또 온다.
나도 이해가 안 된다.

누구 말처럼, 신학교 나와서는
아무것도 보장이 안 된다.
사대 보험도 없고,
신학교에서 먹고사는 기술을 가르치거나
개척 진로 보장을 해 주는 것도 아니다.
돈만 퍼먹는 신학교라는데도 온다.
하나님을 사랑해서란다.

하나님을 더 알고 싶어서란다.
이해가 되지 않는다.
경제적인 보장이 없는 길을
왜 오는가.
대부분 더 어려운 학생들이
신학교를 찾아온다.

경제적 보장을 원했다면
신학교에 오지 않았을 것이다.
오지 말아야 한다.
먹고살 일이 걱정이었다면
신학교를 왜 오는가.
그렇다면 굶어 죽으라는 말인가.
굶어 죽을 상황에서도
신학의 길을 찾아오는 그들에게 물어보라.

왜 저들은 신학의 길을 놓지 못하는가.
가슴이 아프다.
왜 하나님은 저들을 저 고통 가운데서 부르시는가.
눈물이 난다.
얘들아. 너희들을 부르신 하나님의 뜻이
무엇인지 나는 모른다. 하지만
그 신학의 숲에서, 그 신학의 바다에서,

성경이 열어 주는 저 광대한 세계에서
남이 보지 못하고, 세상이 보지 못하고,
이 썩어지고 더럽고 허무한 세상이
알지 못하고 알 수도 없는 그분의,
찬란한 영광과 거룩하고, 거룩하고, 거룩한
나라를 경험하여라. 오직 그것만이
너희가 겪는 고통에 대한
아름다운 보상이리라.
거기에 길이 있으리라.

"주께서 높이 들린 보좌에 앉으셨는데
그의 옷자락은 성전에 가득하였고
거룩하다 거룩하다 거룩하다 만군의 여호와여
그의 영광이 온 땅에 충만하도다
또 주의 목소리를 들으니 주께서 이르시되
내가 누구를 보내며
누가 우리를 위하여 갈꼬"(사 6:1, 3, 8).

"너는 나를 따르라" _ 마 8:22

찬양 인도자에게

(1) 마이크 볼륨을 줄이라

찬양 중에 가장 아름다운 찬양은, 동일한 고난과 삶의 처지 가운데서 함께 부르는 성도들의 그 찬송 소리가 서로의 귀에 들리는 것이다. 그 성도들의 울부짖음과 기쁨, 고통과 감사의 찬송이 한목소리로 아버지 하나님께도 이르는 것이다.

성도가 아무리 크게 불러도 마이크에 대고 질러대는 당신의 목소리밖에 들을 수 없다면, 그것은 성도의 찬송이 아니라 당신의 오디션이다. 그러므로 마이크 볼륨을 줄이라. 설교가 아니다. 성도들이 자신의 찬송 소리를 스스로 들을 수 있을 만큼 볼륨을 줄이라.

(2) 설교하지 말라

찬양 시간은 함께 찬송을 부르며 하나님께 나아가는 시간이다. 찬양의 가사 자체가 기도이고 설교이다. 그러므로 당신이 따로 할 필요가 없다. 찬양 뒤에 설교 시간이 따로 있다. 설교나 간증을 하려면 다른 시간에 하라. 필요한 성경 구절을 읽는 정도 외에는 다른 멘트도 필요 없다. 과유불급, 지나치면 모자란 것만 못 하다. 적을수록 좋다.

(3) 반주 없으면, 기도 못 할 것이라고 생각지 말라

합심 기도할 때 반주가 꼭 있어야 하는 것은 아니다. 침묵 속에서도 성도들은 기도 중에 서로가 함께하고 있다는 것을 감지할 수 있다. 그것이 오히려 감격적인 일체감을 불러일으키기도 한다. 침묵을 두려워하지 말라. 진심과 진실을 억지로 만들려고 하지 말라. 믿음으로 주님을 대면하여 기도하는 것으로 족하다. 분위기를 만들어야 기도할 수 있는 것이 아니다. 분위기가 아니라, 믿음으로 기도하는 것이다.

(4) 마이크에 대고 크게 기도하지 말라

성도들이 기도하기 시작했는데, 인도자가 마이크에 대고 크게 기도하면, 다 까먹는다. 무슨 기도를 하려고 했는지. 성도가 믿음 가운데 스스로 하나님 앞에 나아가게 하는 것이 이 시간의 목적이다. 당신이 다 해 주려고 하지 말라.

(5) 준비된 곡들을 다 하려고 들지 말라

너무 하지 말라는 것이 많아 미안하다. 청중이 충분히 찬양 가운데서, 기도 가운데서 하나님 앞에 잘 나아가고 있는 중에, 그 흐름을 끊고, 자신이 준비한 찬양을 반드시 다 하겠다고 우기는 것은 안타까운 일이다. 목적은 성도가 찬양과 기도를 통해 하나님께 나아가는 것이지, 찬양팀이 준비한 찬양들을 다 듣는 것이 아니다.

(6) 신곡에 집착 말고, 쉬운 찬양을 하라

찬양팀은 찬양 전문가들이다. 인도자는 더욱 새 노래를 하고 싶어 한다. 평소에 찬양을 많이 접하기 때문에, 새로운 찬양에 대해 쉽게 신선감이 떨어질 수 있다. 그래서 인도자는 더욱더 새 노래를 하고 싶어 한다. 하지만 성도들은 그렇지 않다.

신곡 발표회가 아니다. 더구나 신앙이 어리거나 아직 생기지 않은 청중도 있다면, 그런 '고급스럽고 수준 높은 찬양'은 어렵다. 낮은 곳으로 내려와 당신을 구원하신 성육신의 예수님의 마음을 가지라. 말구유에라도 오시고 십자가의 수치스러운 자리도 가신, 당신이 찬양하는 그 주님의 마음을 가지라. 내려오라. 낮아지라. 쉬워지라. 배려하라.

(7) 하나님과 청중이 만날 때, 자신은 빠지라

찬양 인도의 목적은, 청중이 하나님의 존전으로, 그의 품 안으로 들어가도록 인도하는 것이다. 저들을 부르고 일깨워 엄위하시고 또한 긍휼이 가득하신 그분 앞에 세우는 것이다.

성도들이 충분히 그분을 주목하여 나아갈 때에, 당신은 사라지고 없어야 한다. 당신이 남으면 인도는 실패한 것이다. "나는 길이요"라고 하신 분을 찬양하며 양 무리를 인도하는 당신도, 그저 그분께로 이르도록 돕는 '길'에 지나지 않아야 한다. 길이어야 한다. 길일 뿐이어야 한다.

찬양 인도자는 매우 중요하다. 엔터테인먼트의 시대이지

만, 찬양 인도는 엔터테인먼트가 아니다. 찬양 인도자는 예배를 위해 일종의 제사장 역할을 한다. 하지만 선지자가 아니다. 다만 청중을 긍휼로 품어, 저들을 하나님 앞으로 데려가는 일을 사명으로 해야 한다. 중보자는 당신이 아니다. 예수님, 그분뿐이어야 한다.

"그는 흥하여야 하겠고 나는 쇠하여야 하리라 하니라"_ 요 3:30

스승

스승의 날 때 학생들에게 감사 문자를 받다가, 문득, 그때 철없던 나를 붙들어 주었던 목사님 생각이 났다. 감사 인사를 드리고 오랜만에 통화를 했다.

돌아보면 참으로 감사하다. 내 스스로 옳은 길을 선택할 수 없었을 때, 그럴 지혜도 믿음도 소망도 없었을 때, 나를 붙들고 인도해 주신 분들, 나를 안타까워해 주시고 간절히 기도해 주셨던 분들, 조언해 주셨던 그분들이 그때 나타나지 않았다면, 나는 어떻게 되었을까.

그러니, 지금 작은 아이 하나 붙들어 주는 일, 관심을 기울이고 기도해 주고, 예수님의 사랑으로 손잡아 인도해 주는 일은, 그 아이에게는 그 어느 것보다 귀하다.

그러니, 교사들은 언제든지 낙심하지 말고, 계속 가르치고 기도하고 사랑해 주어야 한다. 나에게 몇 명이 맡겨졌든지, 어떤 사람들이 맡겨졌든지, 오직 예수님의 사랑으로, 그 안타까움과 간절함으로, 깨끗한 말씀과 온전한 복음으로, 그 생명의 말씀으로 가르쳐야 한다.

그것보다 귀한 일은 세상에 없다. 한 사람의 일생을 바꾸기 때문이다. 그 일생을 통해 하나님께서 일하시기 때문이다. 자신의 교회와 그의 나라를 일구어 가시기 때문이다.

스승이란 '나를 위해 울어 주는 사람'일 것이다. 예수님의 사랑과 그 영혼에 대한 안타까움과 간절함으로, 그 사랑으로 나를 붙들어 주는 사람일 것이다. 오늘도 밭을 갈고 씨를 뿌려야 한다. 꽃이 필 때, 그 꽃은 알 것이다. 열매가 맺힐 때, 그 열매는 알 것이다. 그것이 오래전 그 씨앗을 심었을 때 뿌렸던 눈물에 대한 하나님의 응답이었다는 것을. 그런 스승이 되어야 하는데, 부끄러움에 무릎을 꿇는다.

> "그리스도 안에서 일만 스승이 있으되 아버지는 많지 아니하니 그리스도 예수 안에서 내가 복음으로써 너희를 낳았음이라"
>
> _ 고전 4:15

예수 믿고 무엇이 바뀌었는가?

예수 믿고 무엇이 바뀌었는가?

예수 믿으면 바뀌는 것이 많다. 성경을 읽게 된다. 기도하게 된다. 교회에 가서 예배하게 된다. 성도들을 형제자매로 부를 수 있게 된다. 헌금을 하게 된다. 전도도 한다. 교회에서 봉사도 한다. 찬송이 나온다. 예수 믿으면 복도 많이 받는다. 하지만 예수 믿고 정말 바뀌어야 하는 것이 한 가지 있다.

'관점'(觀點)이다. 가치관이다. 이것이 안 바뀌면, 당신이 달라지는 그 어떤 모습들도 당신을 결정적으로 더욱더 그리스도에게로 이끌어 줄 수 없다. 오랜 교회 생활이 그렇게 해 주지 못한다. 오랜 봉사나 전도나 헌신도 그렇게 해 주지 못한다.

관점이 무엇인가? 보는 각도, 보는 시각이다. 그것으로 삶을 바라보고 해석하는 그 눈(目)이다. 예수를 믿었다면, 당신은 예수 그리스도를 받은 것이고, 세례를 통해 그분과 연합한 것이다. 그분의 죽으심과 부활과 승천과 하늘 보좌에 앉으신 것과 영원토록 그 나라를 다스릴 그분과 연합한 것이다. 그래서 당신은 이제부터 그분의 관점을 갖게 된다. 그분이 보시는 대로 보고, 그분이 뜻하시는 대로 뜻하고, 그분이 하고자 하시는 것대로 의지하고 결정하고 행하고 싶어 한다. 여기가 핵심이고 결정적이다.

예수 믿고 예수를 받는 것이다. 그것이 예수 믿는 것이다. 예수 믿고 복을 받는 것은 목적이지 내용이 결코 아니다. 예수 믿고 복을 받는 것을 신앙의 내용으로 하면, 관점이 바뀌지 않는다. 예수 믿고 복 받는다고 가르치는 '사이비 복음'이 가장 중요하게 여기는 것이 무엇인가? '잘 먹고 잘사는 것'이다. 생존, 그것도 조금 더 풍요한 '생존'이다.

하나님은 당신을 이 세상에서 '살아남게 하기 위해' 부르지 않으셨다. 이 세상과 같지 않은 나라, 썩지 않고 더럽지 않고 허무하지 않은 그분의 영원한 생명의 나라를 주셨고(벧전 1:3-4), 지금도 그 의와 생명과 사랑의 나라 안에서 살고, 그렇게 살아가도록 부르셨다.

그래서 예수 믿었다는 것은 생각의 틀, 사고방식, 가치관이 바뀌었다는 뜻이다. 가치관은 세상 사람들과 하나도 다르지 않은데 행동과 겉모양만 달라진 것은 커다란 속임수이다. 스스로 속고 남을 속이고 세상과 하나님을 속이려 드는 것이다.

말씀을 골라서, 내 생각과 뜻을 지지해 줄 것 같은 말씀만 찾아서 그것을 박박 우겨도, 스스로 속는 것은 어쩔 수 없다. 그래서 말씀을 읽는다는 것은, 말씀을 통해 당신의 생각, 당신의 관점, 가치관이 바뀌어야 함을 의미한다.

관점이 안 바뀌면 일평생 예수를 믿어도 '죽기를 무서워하므로 한평생 매여 종노릇하는' 세상 사람들과 결단코 다르지 않은 삶을 산다. 그들은 세상적 수단을 통해 더 나은 생존을 추구하고, 당신은 교회에서 예수를 수단으로 더 나은 생존을 추구할 뿐이다. 둘 다 썩어지고 더럽고 허무한 세상의 수치와 부끄러움과 멸망의 거품에서 벗어나지 못한다. 예수 믿고, 당신은 무엇이 바뀌었는가?

"그러므로 너희 마음의 허리를 동이고"_ 벧전 1:13

자랑이 바뀐 사람

마태복음이 그 서두에 제시한 '그리스도'요 '다윗의 자손'이신 예수님의 족보를 보면 참으로 놀랍다. 동양 사회에서 더욱 그러하지만, 족보는 대개 자기 자랑을 위해 꺼내는 증거집이다. 하지만 예수님의 족보를 소개하는 마태의 의도는 전혀 그렇지 않다. 사람은 과거를 들출 때 자랑거리만을 말하기 쉽다. 하나님의 은혜의 역사를 드러내기보다 자기 자랑에 몰두한다.

오늘날에도 자신의 족보 자랑에 여념이 없는 신앙이 있다. 당신이 얼마나 '큰 교회'를 다니는지, 얼마나 '유명한 목사'에게 제자 훈련을 받았는지는, 당신이 정말 그런 배경을 헛된 자랑으로 삼지 않는 사람이 되었을 때만 가치가 있다. 바울은 '자랑하는 자는 주 안에서 자랑하라'라고 한다. 오늘날 얼마나 많은 목사, 얼마나 많은 교회가 '헛된 자랑'에 몰두하는가! 나의 자긍심과 자랑은 어디서 나오는지를 스스로에게 물어보고 부끄러워해야 한다.

헛된 자랑에 몰두하게 되면, 수치를 감추는 데 열을 내게 된다. 하지만 마태복음에 나오는 예수님의 족보는 메시아이신 예수님의 조상들이 얼마나 수치스러운 일들을 했는지를 그대로 기록하고 있다. 참된 역사는 수치와 영광을 있는 그대로 기록하는 것이다. 수치를 기록할 수 있다는 것은 그것을 진정으로 딛고 일어나고자 하는 의지가 있다는 뜻이다.

그래서 자신과 조상들의 수치를 기록한다는 것은, 그것보다 원대한 가치를 알고 있을 때에만 가능하다. 한 민족이 자기 민족의 수치스러운 역사를 보존한다고 해서 그 민족이 낮게 평가되지는 않는다. 오히려 반대이다. 보존하는 것은 그들 자신의 수치스러운 역사이지만, 실제로 영구히 보존되는 것은 양심을 지키고 의를 따라 살아야 한다는 그들의 수준 높은 역사의식이며, 이를 소중히 여기는 고결한 정신이다. 수치를 기억하는 사람은 아주 망하지 않는다.

오직 그 원대한 가치가 없는 사람만 학연과 지연과 혈연, 그리고 자신의 성취에 대한 자랑에 매달린다. 육적인 무엇을 자랑하는 것은 결국 자신을 자랑하는 것이다. 거기에는 하늘나라의 공기가 숨 쉬지 못한다. 혈과 육의 자랑만 있을 뿐이다. 마태가 기록한 족보는 자랑스럽지 않기 때문에 우리에게 희망이 된다. 성도란 자랑이 바뀐 사람이다.

"기록된 바 자랑하는 자는 주 안에서 자랑하라 함과 같게 하려 함이라"_ 고전 1:31

'스카이 캐슬'(sky castle)과 교육, 교회, 하나님 나라

한 드라마가 한국 사회를 휘어잡았다. 스카이 캐슬은 명문대 출신의 부모들이 그 자녀들을 자신들과 마찬가지로 명문대에 보내기 위해, 대학 입시를 위한 고도의 코디네이션을 해 가며 모여 사는 최고급 주택 단지이다.

그냥 지나치기에는 너무 실제 같은 이야기들이어서, 이리 관심을 많이 끌게 된 듯하다. 서울대 의대를 보내기 위해 억대가 넘는 과외 선생을 붙이고, 자녀의 모든 것을 통제해 버리는, 점수 기계를 만들어 버리는, 급기야 시험지 유출에 자살에 살인까지 일어나는, 다소 과장된 현실일지는 몰라도 그것이 일상화된 비극이라는 점에서는 공감을 일으키기에 충분하다.

극중 인물들에게 최고의 가치는 그들의 대화에 자주 오르내리는 대로, '공부', '고3', '수능', '시험', '점수', 그리고 '1등'이다. 캐슬의 한 가정의 거실에는 '피라미드' 모형이 놓여 있다. 상위 1%가 되어야 행복할 수 있다는 신화 같은 사실 때문에 아이들은 가방을 메고 부모가 만들어 놓은 '욕망의 감옥'에 등교한다.

결론은 비극이다. 그 원하던 명문대를 들어간 아들은 지옥같던 집을 나가고, 아들에게 모든 것을 바친 엄마는 스스로 목숨을 끊는다. 극단적인 예이긴 하지만, 부모가 자식을 너무 사랑해서 그 자식을 죽이는 경우이다. 죽은 자식은 다시 부모를 죽인다. 욕망은 죄를 낳고, 죄는 사망을 낳는 이야기, 스카이 캐슬은 교육이라는 가면을 쓴 욕망의 무덤이다.

사실, 종편 드라마에 불과한 이 이야기가 눈을 떼지 못하게 만드는 이유는, 이게 다 우리 아이들의 부모들 이야기이고, 대한민국 교육 이야기의 본질을 건드렸기 때문이다. 그동안 우리나라의 모든 것이 바뀌었지만, 교육 방식이나 환경만큼은 여전히 살인적이다. 바뀌지 않았다. 교육자로서 괴롭고 비극적이다.

한국 교육은 지식 암기 위주의 수능이라는 단순한 잣대로 학생들을 검열하고, 결국 모두를 땅에 묻어 버린다. 안개꽃으로 태어난 아이를 장미가 아니라고 윽박지르고, 백합 같은 아이를 그 정신과 마음까지 장밋빛 빨간색으로 칠해 놓고도 멈추지 않는다.

스카이 캐슬의 비극은, 눈먼 욕망이 어떻게 교육이라는 이름으로 그 다양한 얼굴의 학생들을 땅에 묻어 버리는지에 있다. 교육은 한 사람이 그 사람 자신이 되도록 돕는 일이다. 그것이 사회를 돕고 세상을 풍요하게 만드는 길이기 때문이다. 각자 다르게 생기고 다른 방식으로 잘하는 아이들을, 모두 점수라는 기준으로 벽돌 찍듯 만들어 내는 것은 학교가 아니라 공장이다. 그래서 한국 교육은 아직도 '성적(成績) 공장'이다.

그것은 명백히 성경이 가르치는 교육적 가치관에 위배된다. 그런 교육은 사실, 반(反)기독교적이고 반(反)성경적이다. 하나님은 우리를 다 다르게 만드셨다. 평가 기준도 다르다. 하나님은 사람이 하는 일, 그가 어디서 무엇을 하느냐가 아니라, 그 일을 '착하고 충성되게' 했느냐로 평가하신다(마 25:14-30).

운전사가 자신의 직업을 기쁨으로 받아들이고 즐겁고 안전하게 운전했다면, 그리고 그 차를 타고 병원에 출근한 의사가 오직 돈과 명예를 위해 수술을 하고 그것도 대리 수술을 하게 했다면, 누가 하나님 앞에서 칭찬과 상을 받겠는가.

사회도 그런 성경적 평가에 가까운 수익과 삶을 보장하도록 노력해야 한다. 자본주의 경쟁 사회에서 그것은 어려운 일이지만, 어떤 사람이 어떤 재능을 가지고 어떤 분야에서 일하든지, 서로의 임금 격차가 너무 커서는 안 되는 것이다. 소득 불균형을 줄여야 하고, 기본적인 복지 혜택을 늘려야 한다. 마트 계산대에서 평생 일해도 자녀를 기르고 집을 사고 병원을 다니는 일, 휴가와 여가를 누리는 일이 어렵지 않아야 한다. 그래야 오직 한 가지를 잘하는 사람들을 위한 줄서기 교육 경쟁이 줄어들 가능성이 커지는 것이다.

꿈같은 이야기이지만, 교육 개혁은 이렇듯 사회 변화와 그리고 우리 모두의 가치관의 변화와 깊이 연동되어 있다. 무엇보다 하나님 나라의 사람들, '의(義)가 거하는바' 새 하늘과 새 땅의 사람들인 교회가, 세상이 만들어 놓은 이 피라미드형, 스카이 캐슬의 게임을 그대로 수용하고, 우리 아이들이 그 바벨의 문화가 만들어 놓은 경주에서 더 잘 달리게 해 달라고 하나님께 기도하는 것이 전부인 한, 희망은 없다.

교회는 아직 세상을 모른다. 세상의 본질도 그 악마성도 잘 모른다. 그래서 '세상에서' 성공하려 하지, '세상을' 이기는 복음에 대해서는 너무나 무지하다. 어처구니없지만, 교회가 종종 'SKY 캐슬'과 다르지 않은 경우도 있다. 우리 교회에 판검사가 수십 명이라고 자랑하는 한, 우리 교회가 가장 크고 예산도 가장 많다고 우쭐대는 한, 그런 교회는 세상이 만들어 놓은 세속적 차별에 무차별적으로 무너지기 십상이다.

교회는 '영광의 주 예수 그리스도'의 절대 복음으로, 세상이 만들어 놓은 모든 상대적 차별들이 철폐되는 곳이다(약

2:1-13). 거기가 새 하늘과 새 땅의 시작이기 때문이다. '아무도, 결코 아무도 육체대로 알지 않고'(고후 6:16) 또 그럴 수 없는 곳이다. 교회는 교회 안에서 세상이 만들어 놓은 차별부터 없애는 절대 복음부터 다시 선포해야 한다.

그리고 교회 교육에서부터, 하나님 형상으로서의 회복과 인격성의 성장, 그리고 개인의 발견과 성장을 도모하는 공동체 형성을 의도적으로 추구해야 한다. 고3이 되면 교회 안 나와도, 아니 나오지 말라고까지 권면한다. 그럴 수밖에 없겠지만, 그러지 않아도 되는 교육과 사회 구조를 위해 교회는 대안을 제시하고 끊임없이 노력해야 한다. 세상 속의 빛이고 소금이니까. 그렇게 부르심받았으니까.

무엇보다, 가정과 학교, 교회에서 당장 할 수 있는 일은, 학생들에게 자기 자신을 발견하도록 위로하고, 돕는 일이다. 그리고 최대한 그들 자신만의 길을 찾아주는 것이다. 사회적 조건의 한계가 있지만, 그것이 그나마 그들을 살리는 길이다. '자신의 길'을 가는 것이 이 사회에서는 그리 쉽지 않다는 현실이 가슴 아프지만, 어쩌랴. 스카이 캐슬 같은 바벨의 문화 속에서 자신을 잃어버리고 노예가 되도록 방치하는 것보다는 낫다.

학기가 시작되면, 오래전부터 자신을 땅에 묻어 버린 아이들을 만날 것이다. 내가 하는 일은 그 아이들을 그 차가운 땅에서부터 꺼내는 것이다. 그리고 '네가 보석이었다'라고 알려 주는 일이다. 일단 그 흙먼지를 떨어내고 자신이 조금씩 빛나는 것을 본 아이들은 스스로 용기를 낸다. 자기를 잃어버린 채 대학에 들어오는 수없이 많은 아이들을 만나면서, 이 땅의 교육에 분노가 치민다. 그대로 두면, 성인이 되고 직장을 갖고 결혼을 하고 부모가 되어서도 자신이 누구인지 모르는 채로 살아갈 것이다.

  피지 않고 지는 꽃을 보는 것처럼 안타까운 일이 없다. 스카이 캐슬 같은 교육 공화국은 무너져야 한다. 바벨탑이 무너지듯이, 무너져야 한다. 그리고 다양한 꽃들이 다양하게 피고도 자기 자리를 차지하며 함께 아름다운 에덴동산 같은 교육 현장, 그런 사회에 근접해 가야 한다.

  교회는 그런 새 하늘과 새 땅을 꿈꾸고, 그런 공동체를 먼저 자신 안에서 실현하도록 힘써야 한다. 그리고 세상에서도 그렇게 요구하고, 흩어진 교회로서 그 안에서도 그렇게 되도록 날마다 애써야 한다. 우리가 이 땅에서 매순간 '나라가 임하시오며'라고 기도하는 한.

"이와 같이 나중 된 자로서 먼저 되고 먼저 된 자로서 나중 되리라"
                                                 – 마 20:16

시선

내가 나를 존귀하게 여기는 까닭은 일찍이 누군가가 나를 존귀하게 바라보았기 때문이다. 우리는 모두 나 아닌 다른 이의 따뜻한 시선(視線) 속에서 자신을 보게 된다. 세상의 차가운 시선으로 자신을 보지 못한 이에게도 희망은 있다.

주께서 당신을 그렇게 보시고, 그렇게 말씀하신다. "너는 기묘하고 놀랍게 창조되었구나. 내가 모태에서부터 너를 손으로 빚었다." 그리고 그분이 이 말씀이 결코 빈 말씀이 아님을, 그의 아들을 보내 증명하셨다.

그대는 존귀하다. 그분이 그대를 그렇게 보고 계시기 때문이다. 그대가 그대를 존귀하게 보아야 하는 까닭은, 온 세상이 그렇지 않다 하더라도, 그분은 그렇게 보고 있기 때문이다.

우리는 모두 나 아닌 다른 이의 따뜻한 시선 속에서 다시 살아난다.

"내가 주께 감사하오음은 나를 지으심이 심히 기묘하심이라
주께서 하시는 일이 기이함을 내 영혼이 잘 아나이다" _ 시 139:14

칭의의 복음과 가짜 뉴스

종교 개혁 전통에 굳게 서 있는 개신교회의 토대는 역시 '칭의 신앙'이다. 사람이 어떻게 자신의 선행이나 공로 따위로 완전히 거룩하시고 선하신 하나님 앞에 설 수 있겠는가? 그것이 절대로 불가능하다는 것이, '오직 믿음, 오직 은혜'의 복음이 주는 뼈아픈 교훈이다.

그런데 '칭의 신앙'은 동시에 감당할 수 없는 기쁜 소식이기도 하다. 왜냐하면 '칭의'란, 우리가 우리 힘으로 우리의 죄악에서 나올 수 없다는 절망과 함께, 그런 가망 없는 우리에게 하나님께서 그 아들을 통해 거저 주신 의(義)와 거룩과 구원과 지혜를 '선물로, 은혜로'(고전 1:30) 누리는, 말로 다 할 수 없는 기쁨을 가져오기 때문이다.

그러니까 '칭의의 복음'은, 우리가 어쩔 수 없이 부패한 죄인이라는 깊은 자각으로부터 시작한다. 혹시 내가 무슨 선행을 한다 해도, 나에게 무슨 탁월한 지혜가 있다 해도, 스스로 온전한 의인(義人)처럼 느껴지는 최고의 순간에도, 여전히 내 속에 있는 허점, 스스로를 속일 수 있는 기만의 가능성, 남들 앞에서 선하게 보이려는 위선의 유혹, 내 속 깊은 곳에 있는 교만까지, 냉혹하게 직시(直視)할 수밖에 없게 되는 것이다.

만일 칭의 신앙이 이렇듯, 우리로 하여금 '우리의 죄성(罪性)'을 철저히 의식할 수밖에 없는 상태로 이끌어 간다면, 그리스도인들은 그 어떤 사람들보다 훨씬 더 객관적인 사람들이어야 마땅하다. 왜냐하면 그리스도인들은 언제나, 그 자신의 마음과 생각이 오염된 사람들이라는 사실을 그 누구보다 신속히 인정하고, 항상 철저히 깨닫고 있는 사람들이기 때문이다.

그래서 누가 시키지 않아도 항상, 그리스도인인 우리는 우리 자신의 확신을 스스로 의심할 줄 알고, 과연 우리가 믿고 있는 것이 정말 사실인지, 우리가 우리 자신을 속이고 있지는 않은 것인지를 냉철히 돌아보아야 한다. 사실 이것이 '회개'의 의미이다.

칭의 신앙은 우리가 죄인이라는 깊은 자각에 기초해 있기 때문에, 회개를 일상화하는 신앙이다. 이런 점에서, '칭의 신앙, 오직 믿음, 오직 은혜, 인간은 철저히 죄인'이라는 진리 위에 서 있는 전통 교회가, 오늘날 '가짜 뉴스'의 온상지가 되고 있다는 것은 참으로 이해하기 어려운 현상이다. 참된 그리스도인이라면, 자신이 어쩔 수 없는 죄인임을 깊이 깨닫는 성도라면, 늘 자신의 확신을 의심하고 검토하고 돌아볼 수밖에 없을 것이기 때문이다.

칭의 신앙은 그래서 우리를 항상 '진리' 가운데로 인도한다. 우리 자신의 거짓, 우리 스스로를 속이고 또 남을 속일 수도 있는 거짓을 여지없이 폭로하는 진리, 진실, 사실 앞으로 항상 우리를 끌고 가는 것이다.

'오직 은혜'에 기초한 교회는 그래서 '진리, 진실, 사실'에만 근거해야 한다. 만일 우리가 '오직 믿음, 오직 은혜'의 복음을 붙들고 있다면, 즉, '인간은 어쩔 수 없는 죄인'이라는 사실로부터 시작하는 복음을 믿고 있다면, 우리는 우리가 그 어떤 거짓에 속아 휘둘리고 있지 않은지를 항상 깨어서 돌아보는 습관을 가지는 것이 마땅하기 때문이다.

그러므로 교회는 '가짜 뉴스'의 온상지일 수가 없고, 그래서도 안 된다. '가짜 뉴스'를 상습적으로 만들어 내고 전달하는 그런 교회는, 하나님의 진리뿐 아니라 '오직 믿음'의 은혜도 누리고 있지 못한 '가짜 교회'일 것이다.

그리스도인이란, 그 누구보다 가장 객관적일 수 있는 사람들이고 또 그래야 한다. 교회는 오직 '참된 것'을 듣고, 말하고, 전하기를 힘써야 한다. 이것이 세상 속의 교회가, 세상의 소금과 빛이 되는 중대한 사명 가운데 하나이다.

"그런즉 거짓을 버리고 각각 그 이웃과 더불어 참된 것을 말하라"
― 엡 4:25

무엇을 듣는가에 주의하라

말하는 문제는 곧 듣는 문제이다. 들은 대로 말하기 때문이다. 말을 해서 삶에 지옥 불을 옮겨 붙였다는 것은, 그가 이미 그 지옥 불이 붙은 말을 들었기 때문이다. 그것을 듣고 마음에 품은 것이다. 첫 사람 아담이 바로 그러했다. 그는 위로부터 오는 지혜의 말씀, 곧 하나님의 말씀을 들었지만 그것을 품지 못했다.

도리어 마귀의 말을 삼키고 말았다. 선악과를 먹기 전에 이미 마귀의 입에서 나오는 거짓과 불신과 살인과 파괴의 말을 먹어 버린 것이다. 그 이후 그가 하는 말과 행동은 그가 먹었던 마귀의 말들을 그대로 토해 낸 것뿐이다. 세상에 지옥 불이 그렇게 붙기 시작했다(약 3:6).

불신과 살인, 파괴와 황폐함의 역사는 그렇게 시작되고 계속되어 왔다. 그리고 말씀으로 세상을 지으신 하나님께서는 그 세상을 회복하기 위하여 말씀을 보내셨다. 여러 번 여러 모양으로 그 말씀을 보내신 후, 이 마지막 때에 그 아들로 '말씀하셨다'(히 1:1-2). 그 아들은 '말씀' 자신이다.

그를 듣고 먹는 자는 곧 그 말씀의 생명대로 살게 된다. 그 말씀대로 말하고 행동하게 된다. 주의 말씀을 듣는 것이나(설교), 주의 살과 피를 먹는 것이나(성찬) 매한가지이다. 모두 말씀이신 그리스도 예수를 받는 것이다. 하늘에서, 위로부터 오는 생명과 경건에 속한 그 풍성한 양식이신 그리스도를 받는 것이다.

그러므로 내가 무엇을 듣는가에 주의하라. 입으로 먹는 것은 배로 간다. 먹지 않으면 죽고, 나쁜 음식을 먹으면 병이 든다. 귀로 듣는 것은 마음으로 간다. 사람은 음식만으로 살지 못한다. 사랑한다는 말을 들어야 한다. 마음은 '감사하다, 고맙다, 소중하다, 보고 싶었다'는 말을 들어야 산다. 악한 말이 마음으로 들어가면 마음이 병이 든다.

마찬가지이다. 하나님의 말씀을 듣지 못하면 영이 죽는다. 믿음이 없어 말씀을 받지 못한 영혼은 이미 죽어 있다. 말씀은 하나님께서 주신 믿음으로 받기 때문이다. 세상에는 온갖 말들이 떠돈다. 인터넷을 열어 보라. 뉴스를 들어 보라. 세상 사람들이 떠드는 소문들을 들어 보라. 마귀도 우리의 마음속에 악한 소리들을 집어넣어 우리의 생각을 장악하려 든다.

그러므로 내가 무슨 말을 듣는가에 주의하라. 시험에 들지 않으려거든, 오직 하나님의 말씀을 먹고, 듣고, 심령에 담아야 한다. 아무도 믿지 말라. 그 어떤 말들도, 그 누구의 말도 오직 성경, 하나님의 말씀에 비추어 판단하라. 하나님의 말씀을 듣는 훈련을 하라. 그리하면 당신은 그 말씀으로 지어진 세상을 누리게 된다. 그 말씀이신 주님을 만나게 된다. 그 말씀처럼 살았고 영영히 서게 된다. 오직 말씀을 먹으라.

"이러한 지혜는 위로부터 내려온 것이 아니요"_ 약 3:15

지킬 만한 것

마음은 보이지 않는 정원(庭園)이다. 원래 에덴 같은 동산이다. 그 한가운데 생명이 솟아나는 샘이 있다. 이 샘은 생수의 근원이신 하나님께 닿아 있다. 창조자요 구원자요 주이신, 그분의 영원한 보좌에서 흐르는 생명수 강가에 닿아 있다.

시냇가에 심은 나무가 철을 따라 열매를 맺듯이, 사람의 마음은 생수(生水)이신 하나님께 닿아 있어야 살아 있고 또 열매를 맺는다. 삶의 황폐함이나 풍성함은 여기에 달려 있다.

마음을 돌보는 일, 마음을 지키는 일은 그래서 결정적이다. 뜻밖에도 사람들은 그 많은 일들을 하지만, 자신만의 정원을 가꾸는 일만큼은 잊어버리거나 혹은 일부러 외면한다. 바쁘다. 급한 일들을 하지만 가장 중요한 일은 하지 않는다.

마음에 막힌 샘에 길을 열어야 한다. 여기저기 널려 있는 쓰레기를 걷어 내야 한다. 그 솟아나는 샘물을 흐르게 하고 씨앗들을 뿌려야 한다. 하루가 다르게 올라오는 잡초를 그대로 두어서는 안 된다. 꽃봉오리를 휘감아 질식하게 만드는 염려와 탐욕의 가시덩굴을 걷어 내야만 한다. 손이 찔리고 피가 나도 그렇게 해야 한다.

마음은 저절로 지켜지지 않는다. 꽃에 물을 주듯, 해를 비추듯, 바람을 쐬어 주듯, 그렇게 말씀으로, 예배로, 성령님의 손길로 돌보아야 한다. 여기에 풍성한 생명의 삶이 있다. 이 마음으로 우리는 하나님을 사랑하기 때문이다.

우리의 마음은 전심으로 그분을 사랑하도록 우리 각자에게 주신 에덴동산이다. 그래서 모든 지킬 만한 것 중에 마음을 지켜야 한다. 생명의 근원이 여기서 나기 때문이다(잠 4:23).

> "그의 영광의 풍성함을 따라 그의 성령으로 말미암아
> 너희 속사람을 능력으로 강건하게 하시오며" - 엡 3:16

그리스도인의 표지

예수님의 시대에, 옛 언약 백성이었던 유대인들이 하나님 백성 된 증거로 자랑하고 다녔던 표지들은, 할례나 안식일법이나 음식법 같은 것들이었다. 예수님을 믿고 새 언약 백성이 되었던 초기 교회 성도들에게 그리스도인 된 표지는 무엇이었을까?

1세기의 초기 교회가 그리스도인 된 증거로 강력하게 드러냈던 표지는, '세속으로부터의 정결함, 하나님 말씀에 근거한 깨끗하고 살리는 말의 사용, 그리고 무엇보다 넘치는 긍휼', 곧 사랑의 삶이었다(약 1:26-27).

초기의 성도들은 그들의 정결한 삶뿐만 아니라, 가난한 자들을 구제하거나 나그네를 환대하는 일, 그리고 전염병이 도

는 시기에도 환자들을 돌보는 용기와 희생으로 유명했다. 낙태나 영아 유기는 로마의 통상적인 관행이었지만, 그리스도인들은 그렇게 하지 않는 것을 신앙의 표지로 삼았다.

당시 로마 제국 어디서도 그런 깨끗한 언행과 긍휼을 실천하며 사랑 가운데서 사는 공동체를 본 적이 없던 이방인들은, 그리스도의 교회에 매료되었고 거기서 희망을 발견했다. 오늘날 이 땅의 교회는 어떠한가? 이 시대에는 과연 무엇이 참된 그리스도인다운 표지가 되어야 할까? 그리스도인의 어떤 모습에서 세상이 매료되고 희망을 볼 수 있을까?

술, 담배 하지 않는 것으로 그리스도인의 정체성을 지키고 있다고 생각하는 것은 너무 소극적인 태도일 것이다. 그런 것들은 세상 사람들도 건강을 위해 애써 절제하는 시대이기 때문이다. 구약 성경이 말하는, 하나님을 아는 '참된 표지'는, '사랑과 정의와 공의를 땅에 행하는 것'이며 '가난한 자와 궁핍한 자를 변호'하는 삶이었다(렘 9:23-24; 22:15-16).

오늘날 우리 그리스도인들은 세상에서 '어떤 사람들'이라고 인식되고 있는가? 설사 세상의 평가에 부당한 오해가 포함되어 있을지라도, 우리는 귀를 기울이고 자신을 돌아보아야 한다. 무엇보다 그리스도인들은 양심적이고 정직하며, 생명을 살리고, 불법을 행하지 않고 정의를 행하며, 무엇보다 희생과 사랑이 많은 사람들이라는 평판이 그리스도인들에게 따라다니는 '딱지'요 '평판'이 되어야 한다.

그리스도인들이 세속적인 사람들과 다름없이 '탐욕스럽

고', 자신의 그런 탐욕을 성취하기 위해 불법이나 비양심적인 일들도 주저하지 않는 사람들로 비친다면, 교회는 이 땅의 민족과 사회의 이웃으로 계속 남아 있을 수 없게 될 것이다.

지금으로부터 십 년 후, 이십 년 후, 우리 그리스도인들은 이 사회로부터 '어떤 사람들'이라는 평판을 듣게 될까? 오늘을 '하나님 앞에서'뿐만 아니라, '이방인들 가운데서'(벧전 2:12) 진지하게 살아 내야 할 이유가 여기에 있다.

> "제자들이 안디옥에서 비로소 그리스도인이라
> 일컬음을 받게 되었더라"_ 행 11:26

신앙과 세대(世代) 간의 화합

하나님의 백성은, 각기 자신의 시대를 뛰어넘어 하나의 언약 백성이다. 그렇지만 동시에, 각 세대의 신앙의 경험은, 각 세대가 속한 시대의 경험에 의해 구조화되기 마련이다. 구약에서 홍해를 건넌 출애굽 세대와 가나안 땅에 들어간 세대가 다르고, 전쟁을 모르는 그 이후 세대의 신앙의 특징도 앞선 세대들과 다른 것이다.

이런 현상은 이 땅에 세워진 교회에서도 동일하게 일어난다. 전쟁을 겪은 세대의 최대 관심은 공산화(共産化)의 위협이다. 그것이 가장 큰 두려움이다. 같은 민족끼리 총칼로 찌르며 피 흘려 얻은 자유이기 때문이다. 전쟁을 경험하지 못하고 독재에 싸워 온 그다음 세대의 가장 큰 관심사는 민주화의 완성이다. 거리에서, 감옥에서, 광장에서, 피 흘려 얻은 자유이다.

멸공(滅共) 교육이나 민주화 투쟁도 경험해 보지 않은 지금 청년들의 가장 큰 관심사는, 아마도 사회적, 경제적 공정(公正)일 것이다. 신앙의 자유와 정치적 자유를 선물로 받은 세대가 가장 예민하게 반응하는 영역이다. 이것도 그들도 나름대로 피 흘리는 일상 속에서 얻고자 하는 자유일 것이다.

물론, 각 세대가 신앙의 색깔이 달라도, 여전히 한 신앙에 속해 있다. 바로 그 때문에 세대 간의 대화와 이해가 더욱 절실하다. 각 시대에 맡겨진 싸움이 달랐고, 다르다는 것을 서로 인정하고 받아들일 필요가 있다. 공산화가 안 되면 되는 것이고, 민주화가 완성되면 되는 것이고, 경제적 공정이 이루어지면 되는 것이다. 이런 소중한 가치들은 서로 부딪히지 않는다.

서로 부딪히게 하는 것은 오히려, 각 세대가 '스스로 이루어 냈다고 자부하는 그 '공로(功勞) 의식'이다. 이 땅에 자유를 주신 분도, 민주화 사회를 허락하신 분도 하나님이시고, 모두 그분의 은혜이다. 하지만 그것들을 위해 투쟁하면서, 부지불식간에 그런 하나님의 은혜를 모두 자신의 세대의 '자기의'(自己義)로 변질시킨 것이다.

처음에는 하나님의 말씀을 붙들고 시작했지만, 결국은 그 말씀을 자기 시대에 경험한 그 '경험'을 절대시하는 '고착된 신앙 경험'만 남게 된 것이다. 말씀을 경험하는 것은 유익하고 또 필요한 과정이다. 하지만 '말씀에 대한 경험'이 곧 '말씀'의 권위를 갖는 것은 아니다. 경험 없이 신앙을 가질 수 없지만, 참된 신앙은 경험을 상대화하고 초월할 수 있음도 잊지 말아야 한다.

각 세대는, 하나님의 말씀 앞에서 어린아이처럼 낮고 겸손하게 설 수 있어야 한다. 그럴 때에, 그리고 오직 그럴 때에만, 자신의 세대가 자랑하는 그 자기 '경험'을 상대화시킬 수 있을 것이다. 그럴 때에만 세대 간의 진정한 대화와 이해가 가능해질 것이다.

어떤 가치가 중요하지 않은가. 자유, 민주, 정의, 공정 모두가 소중한 성경적 가치이다. 모두 다 필요하지 않은가. 그러니 각 세대가 서로를 이해하려 노력해야 하지 않는가. 어느 신앙 경험이 중요하지 않은가. 어느 세대가 중요하지 않은가. 다 받아들이고, 지금 시대에 이루어야 하는 신앙의 모습을 완성하고, 함께 하나 되어 나아가면 좋을 것이다. 우리 사회 속에서 교회가 먼저, 이렇게 세대 간의 화합을 주도하는 공동체가 되기를 소망한다. 그렇게 되기를 기도한다.

> "마음을 같이하여 같은 사랑을 가지고
> 뜻을 합하며 한마음을 품어" _ 빌 2:2

연합

자꾸 연합하려 해야 한다. 신앙의 형제들을 향해, 좌로 우로 낙인을 찍고, 사라져 없어져야 할 존재로 취급하는 것은 옳지도 않고, 유익하지도 않다. 의견과 성향이 다를 수 있고, 해석과 입장이 부딪힐 수도 있다. 하지만 신앙 고백이 다르지 않다면, 함부로 정죄할 수 없다.

그것은, 마치 내가 헤어진 지 오래된 형제를 만났는데, 자라 온 환경이 너무 달라서, 같은 아버지에게서 나왔을 리가 없다고 확신하고, 그 형제에게 '당신은 아버지 자식이 아니요'라고 통보하는 것과 같다.

그 낯선 형제가 아버지의 자녀인지 아닌지는, 우리가 아니라, 아버지께서 친히 아시고 결정하신다. 우리는 단지, 증거를 보고 잠정적으로 판단할 수 있는 정도이다. 그 형제가 '내 아버지는 너의 아버지와 같다'라고 고백하면, 즉, 예수 그리스도에 관해서 성경적인 신앙 고백을 하면, 쉽게 내쳐서는 안 된다.

만일, 그가 예수 그리스도에 관하여 성경을 떠난 고백을 하면, 그는 우리 형제가 아닐 수 있다. 하지만 그 외에 다른 이유로는 함부로 형제들을 판단하고 정죄하지 않아야 한다. 그렇게 하는 것은, 내가 아버지의 자리, 하나님의 자리에 올라 앉아 심판자가 되는 어리석음을 범하는 일이기 때문이다. 우리

중 누구도 그런 자리에 앉아서는 안되는 것이다.

그러므로 본질에 있어서는 일치를 붙들어야 하지만, 비본질에 있어서는 관용하는 마음, 기다리는 마음, 보완해 주려는 마음을 갖는 것이 성경적이고 또한 교회의 전통에 맞는 일이다. 나와 다른 형제가 하나님 나라에 조금이라도 기여하고 있다면 그를 응원해야 한다.

내가 할 수 없는, 또는 내가 관심을 기울이지 못하는 영역에서 조금이라도 하나님 나라에 기여하고 있다면, 그로 인해 기뻐하고 그를 사랑해야 할 것이다. 하나님의 자녀를 사랑하는 것이야말로, 우리가 하나님을 사랑하고 있다는 참된 증거이기 때문이다.

"예수께서 그리스도이심을 믿는 자마다
하나님께로부터 난 자니
또한 낳으신 이를 사랑하는 자마다
그에게서 난 자를 사랑하느니라" _ 요일 5:1

부록

제목 색인

ㄱ
- 값싼 은혜, 가짜 은혜, 그리고 '참된' 은혜_「십자가와 선한 양심: 베드로전서의 이해」 48
- 거듭난 심령의 회복된 양심 63
- 교회 사유화와 엉터리 구약 사용_「긍휼의 목자 예수: 마태복음의 이해」 104
- 교회가 세상에 관여하는 방식_「코이노니아와 코스모스: 요한일서의 이해」 124
- 교회여, 두 마음을 버리라!_「지붕 없는 교회: 야고보서의 이해」 76
- 그리스도를 주는 설교_「신적 성품과 거짓 가르침: 베드로후서의 이해」 35
- 그리스도인의 표지 181
- 그리스도인이라는 확증_「코이노니아와 코스모스: 요한일서의 이해」 55
- 그저, 그분의 품에 안기라_「코이노니아와 코스모스: 요한일서의 이해」 41
- 기름 부음받은 주의 종 89

ㄴ
- 나와 그것, 나와 너, 하나님과 나 37

ㄷ
- 다 하려 들지 말라_「십자가와 선한 양심: 베드로전서의 이해」 103
- '다양성'과 '다원성' 132
- 대표 기도_「십자가와 선한 양심: 베드로전서의 이해」 153
- 더럽지 않고, 썩지 않고, 허무하지 않은 땅 28
- 두 종류의 행함, 두 종류의 믿음_「지붕 없는 교회: 야고보서의 이해」 58

ㅁ
- 마음에 심긴 말씀, 그 놀라운 구원_「지붕 없는 교회: 야고보서의 이해」 26
- 무엇을 듣는가에 주의하라_「지붕 없는 교회: 야고보서의 이해」 177

ㅂ
- 바다로 나간 교회_『긍휼의 목자 예수: 마태복음의 이해』 74
- 바른 성경 해석에 뿌리내린, 신적 성품의 교회 82
- 반석 없는 교회? 지붕 없는 교회? 60

ㅅ
- 사람을 세우고 있는가!_『긍휼의 목자 예수: 마태복음의 이해』 149
- 사명과 사랑_『십자가와 선한 양심: 베드로전서의 이해』 152
- 사이비 성령 충만 112
- '살아 있는 소망' 위에 신앙과 삶을 세우라_『십자가와 선한 양심: 베드로전서의 이해』 32
- 상처받은 치유자들아 151
- 선거철과 깨끗하지 못한 설교_『신적 성품과 거짓 가르침: 베드로후서의 이해』 98
- 선한 행실, 왜 필요한가?_『십자가와 선한 양심: 베드로전서의 이해』 80
- 성경 문맥을 떠난 설교_『신적 성품과 거짓 가르침: 베드로후서의 이해』 109
- 세상 앞에 겸손한 그리스도인_『긍휼의 목자 예수: 마태복음의 이해』 91
- 세상에 '감동'을 주는 교회_『코이노니아와 코스모스: 요한일서의 이해』 137
- '세상에서' 이기는 것과 '세상을' 이기는 것_『코이노니아와 코스모스: 요한일서의 이해』 115
- 수련회 신학_『코이노니아와 코스모스: 요한일서의 이해』 22
- 스승 162
- '스카이 캐슬'과 교육, 교회, 하나님 나라 168
- 시선 174
- 신앙과 세대 간의 화합 183
- 신학생 156

ㅇ

- 악화되는 지구 환경, '노아의 언약' 그리고 '새 하늘과 새 땅'의 복음 139
- 약자들이 행복한 공동체_『긍휼의 목자 예수: 마태복음의 이해』 147
- 약함의 사역자_『십자가와 선한 양심: 베드로전서의 이해』 150
- 언제나, 어디서나 예수께로 나아오라_『긍휼의 목자 예수: 마태복음의 이해』 14
- 연합 186
- 예배당 건축을 '성전 건축'이라 부르지 말라 86
- 예수 믿고 무엇이 바뀌었는가?_『십자가와 선한 양심: 베드로전서의 이해』 164
- 예수 믿고 받는 최고의 복_『지붕 없는 교회: 야고보서의 이해』 15
- 예수님은 보수? 진보?_『코이노니아와 코스모스: 요한일서의 이해』 130
- '예수천당 불신지옥' 싫어, 스님에게 물었던 청년 118
- 우리는 우리를 전파하는 것이 아니라_『십자가와 선한 양심: 베드로전서의 이해』 100
- 우리의 '칭의' 신앙_『코이노니아와 코스모스: 요한일서의 이해』 66
- '의', 선물에서 샬롬까지 51
- 이방인 중에서 92

ㅈ

- 자랑이 바뀐 사람_『긍휼의 목자 예수: 마태복음의 이해』 166
- '잘되는 나'의 축소되고 왜곡된 복음_『십자가와 선한 양심: 베드로전서의 이해』 18
- 절망이 불가능한 은혜_『긍휼의 목자 예수: 마태복음의 이해』 45
- 주께서 예비하신 행복_『긍휼의 목자 예수: 마태복음의 이해』 44
- 지킬 만한 것 180
- 질문_『코이노니아와 코스모스: 요한일서의 이해』 96

ㅊ
- 찬양 인도자에게 159
- 천국에서 받는 상급이란? 107
- 칭의의 복음과 가짜 뉴스 175

ㅋ
- 칼뱅의 낯선 하나님_「십자가와 선한 양심: 베드로전서의 이해」 128

ㅎ
- 하나님의 이름 – 우리 시대의 사명_「신적 성품과 거짓 가르침: 베드로후서의 이해」 / 「지붕 없는 교회: 야고보서의 이해」 78
- 확인_「십자가와 선한 양심: 베드로전서의 이해」 65

성구 색인

구약
시편
139:14 174

신약
마태복음
2:15 47
5:3 45
6:9 80
8:22 158
11:28 132
14:27 15
18:14 149
20:16 173
25:21, 23 152

마가복음
3:14 153

누가복음
5:16 114
15:20 97

요한복음
3:30 162

사도행전
11:26 183

로마서
8:21 146
8:28-29 22
11:36 130

고린도전서
1:31 168
3:11 76
4:15 163
12:29 104
14:12 155

고린도후서
4:2 100
4:5 102
12:9 151

갈라디아서
3:28 69
5:6 109

에베소서
2:20-22 88
3:16 181

4:25 177
6:12 136

빌립보서
2:2 185
4:1 150

골로새서
2:8 37

야고보서
1:8 78
1:21 28
2:18 66
2:22 60
3:15 179
4:2 18

베드로전서
1:3 34
1:4 32
1:13 166
2:9 91
2:12 82
2:15 96
2:17 92
3:13 128

3:15 124
3:16 65
3:16-17 139
5:3-4 107
5:12 50

베드로후서
1:4 86
2:3 112
3:13 55
3:18 25

요한일서
1:3 41
1:7 43
4:20 57
5:1 187
5:4 118

유다서
1:20-21 62

이레서원 출간 도서

『긍휼의 목자 예수: 마태복음의 이해』(신약의 이해 ①)
채영삼, 152*223, 488쪽
저자는 마태복음을 여는 핵심적인 열쇠를 '긍휼의 목자 예수'로 보고, 이 열쇠를 통해 마태복음의 보고를 펼쳐 놓는다. 마태복음 전체의 학문적인 논의를 기초로 하면서도 사변적인 논쟁을 과감히 생략한 후 마태복음의 깊은 의미를 아름다운 일상의 언어로 풀어낸 신학적·영적 강해서이다.

『지붕 없는 교회: 야고보서의 이해』(신약의 이해 ②)
채영삼, 152*223, 398쪽
깊이 있는 신학적 통찰과 냉철한 철학적 사고를 바탕으로 야고보서 본문의 원의를 명쾌하게 드러낸다. 외적으로 성장하고 있는 것 같지만 교회에 여전히 미숙하게 남아 있는 신앙의 실천적 과제들을 '나된 마음, 심긴 말씀'이라는 야고보서의 주제와 연결하여 심도 있게 다룬다.

『십자가와 선한 양심: 베드로전서의 이해』(신약의 이해 ③)
채영삼, 153*223, 476쪽
베드로전서의 철저한 본문 이해 가운데, 세상에서 비난과 적대감에 직면해 있는 교회를 향한, 세상을 이기는 해법을 소개한다. 십자가는 하나님이 우리에게 오신 길이지만, 동시에 우리가 세상 한복판을 지나 하나님께로 이르는 순례의 길이기도 하다. 베드로는 그 길을 거듭난 심령이 회복된 '선한 양심'의 길이라고 부른다.

『신적 성품과 거짓 가르침: 베드로후서의 이해』(신약의 이해 ④)
채영삼, 152*223, 544쪽
"이 책은 세상 친화적인 한국 교회를 향해, 베드로의 유언과도 같은 교훈을 생생하게 들려준다. 저자의 능숙한 본문 해설과 뜨거운 열정을 통해 베드로는 살아 있는 음성이 된다. 그 음성은 다름 아닌 하나님 그분의 음성이다. 이 책을 집어 들고, 거짓 교사들과 종교 장사꾼들을 준엄하게 꾸짖으시며 세상에 취한 교회를 향해 간곡히 호소하시는 하나님의 음성에 귀를 기울이라."(길성남 교수, 고려신학대학원)

『코이노니아와 코스모스: 요한일서의 이해』(신약의 이해 ⑤)
채영삼, 152*223, 576쪽
저자는 '코이노니아로서의 교회'를 교회의 본질로 규정한다. 교회는 '악이 지배하는 세상' 속에 존재하기에 필연적으로 그 속에서 '세상을 이기는 진리와 사랑의 코이노니아'의 모습으로 나타나야 한다. 한국 교회는 오랫동안 부흥주의와 물량주의로 인해 참된 코이노니아를 상실했다. 저자는 이 코이노니아를 재생하여 독자들에게 생생하게 부각한다.

『공동서신의 신학: '세상 속의 교회', 그 위기와 해법』
채영삼, 152*223, 800쪽
저자는 사회 속에서 도전에 직면한 교회의 본분과 사명이라는 주제가 바로 공동서신 전체를 아우를 수 있는 중요한 주제라고 보고, 현재 세속화의 강력한 도전에 직면해 있는 한국 교회에 공동서신이 매우 적실한 성경이라고 주장한다.

『삶으로 드리는 주기도문』
채영삼, 124*182, 208쪽
주기도문은 하나님 나라가 온전히 이루어지기를 기다리며, 이 땅에서 그 나라 백성으로 살아가기 위해 반드시 붙들어야 할 기도이다. 독자들은 이 책을 읽어 나가는 가운데, 하나님의 뜻을 따라 기도하시고 그 기도대로 사셨던 예수님의 뒤를 따라가는 길을 안내받게 될 것이다.

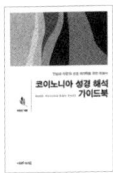

『코이노니아 성경 해석 가이드북: '만남과 사귐'의 성경 해석학을 위한 해설서』 채영삼, 140*200, 88쪽
채영삼 교수가 제안하는 '코이노니아 성경 연구'란 전문적인 성경 주해(Exegesis)와 개인 묵상(QT) 중간쯤의 연구 방법으로, 성경 주해의 기본 원칙들을 포함하면서도 해석자 자신이 본문과의 '만남과 사귐'을 통해 적극적으로 주해에 개입하고 그 말씀대로 변화되기를 유도하는 방식이다. 이 새로운 방식은 '만남, 듣기, 대화, 그리고 응답'으로 구성된 단계를 따라, 여러 질문과 그 해석법을 제시한다.

『기독교 교파 한눈에 보기』 전희준, 140*200, 144쪽
우리 교회가 속한 교파의 탄생 배경과 교리적 특징을 알면, 그 전통을 더 잘 이해할 수 있고 다른 교파의 전통도 존중할 수 있다. 자신의 신앙을 더 잘 이해하고 풍성한 복음의 유익도 얻을 수 있다. 이 책에서는 복잡한 기독교 역사와 각 교파의 형성과 분열의 역사 및 신학적 논점을 일목요연하게 정리한다.

『기꺼이 불편한 예배』 김재우, 128*188, 192쪽
"다양한 민족과 공동체를 이루어 살아가는 저자와 주변 지체들의 생생한 이야기를 읽는 동안 우리는 그동안 몰랐던 하나님을 만날 수 있습니다. 이 책을 다 읽을 때쯤이면 우리 안의 하나님에 대한 이해가 더욱더 새로워지고 확장되어 있을 것입니다. 저자는 더 나은 본향을 사모하면서 고단한 길을 걷는, 그래서 서로의 환대가 너무나도 필요한 우리 모두를 이 기꺼이 불편하고 그래서 아름다운 환대의 삶으로 초대합니다."(김종대, 리제너레이션무브먼트 대표)

『고린도에서 보낸 일주일: 바울 사역의 사회적, 문화적 정황 이야기』 벤 위더링턴 3세, 140*200, 232쪽
엄격한 역사 고증과 흥미로운 스토리로 바울의 고린도 사역을 재현한 책이다. 1세기 그리스-로마 세계에서는 어떻게 생활했는지, 그 당시 그리스도인들은 어떻게 예배를 드리고 신앙생활을 했는지 등을 구체적으로 체험할 수 있다.

『에베소에서 보낸 일주일』
데이비드 드실바, 140*200, 264쪽
에베소서와 요한계시록을 배경 삼아, 초기 그리스도인들의 딜레마, 로마 제국의 악한 권세와 그 위에 드리운 종말의 기운을 생생하게 묘사한다. 각종 역사 자료와 고고학 증거로 보완한 이 책은 역사적 사실과 작가의 상상력이 조화를 이룬 매력적이고 설득력 있는 책이다.

『예배학 지도 그리기: 목회자와 예배 사역자를 위한 예배 기획 지침서』 문화랑, 150*220, 248쪽
예배에 대한 역사적 반성과 신학적 고찰을 제시하는 책이다. 예전 활동이 성도들의 신앙 형성에 어떠한 영향을 미치고, 어떻게 행동을 변화시키는지, 공동체의 정체성을 어떻게 형성하는지를 설명한다. 아울러 예배의 각 요소와 배열이 가진 역사적, 신학적, 성경적 의미를 설명하고, 예배 기획에 필요한 조언을 준다.

『바울과 믿음 언어: 그리스도인의 믿음은 지적 동의인가, 신실한 행함인가』 니제이 굽타, 147*220, 384쪽
성경에 자주 등장하는 단어이자 기독교의 핵심 교리인 '믿음'의 개념을 연구한다. 저자는 바울이 사용한 믿음 용어가 1세기 당시 유대인과 그리스-로마 세계의 영향을 받은 다양한 개념들의 넓은 스펙트럼 위에 존재한다고 주장한다. 그는 바울의 여러 서신을 검토하면서, 바울이 사용한 믿음 언어의 뉘앙스와 복합적인 부분들이 우리가 바울 서신에서 얻은 신학적 결론에 얼마나 중요한 영향을 미쳤는지를 주목한다.

『칼뱅, 참여, 그리고 선물: 그리스도와 연합한 신자는 어떻게 살아야 하는가』 토드 빌링스, 140*210, 328쪽
빌링스는 칼뱅의 참여 교리와 선물 담론을 연구하기 위해, 칼뱅의 여러 저서와 『기독교 강요』는 물론이고, 교부들과 16세기 신학자들, 현대 칼뱅 신학자들의 작품까지 폭넓게 탐구하고 인용한다. 이 작업의 결과, 칼뱅의 '그리스도 안에의 참여' 교리와 선물 신학과 관련된 역사적이고 신학적인 다양한 담론이 한데 모인다.

『성경의 그림 언어와 상징 해석』
앤서니 티슬턴, 147*220, 440쪽
기독교 철학자이자 신학자인 앤서니 티슬턴은 성경에서, 기독교 사상 역사에서, 그리고 오늘날 설교와 기도에서 이미지가 효과적으로 사용되거나 남용된 사례를 고찰한다. 그리고 성경에 가득한 상징과 이미지와 비유를 올바르게 해석하는 데 매우 믿을 만한 가이드를 제시한다.

■ 〈믿음의 재발견〉 시리즈 (책임 편집자: 마이클 리브스)

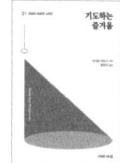

『기도하는 즐거움』 마이클 리브스, 124*182, 88쪽
기도는 삼위 하나님의 사랑의 교제에 참여하는 즐겁고 복된 일이다. '기도'에 대한 수많은 책이 있지만, 이 주제를 새로운 관점과 깊이 있는 신학과 아름다운 문체로 이야기할 수 있는 방법이 여전히 남아 있음을 보여 주는 책이다.

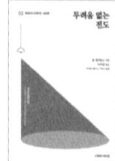

『두려움 없는 전도』 폴 윌리엄스, 124*182, 136쪽
막상 복음을 전하려고 하면 막막하다. 어떤 말로 시작해야 할지, 어떻게 대답해야 할지 몰라서 두렵기도 하다. 이 책에서는 성경과 저자 자신의 경험에 비추어, 그 두려움을 극복할 수 있는 실제적인 방법을 알려 준다.

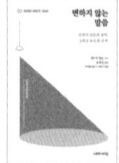

『변하지 않는 말씀: 성경의 선함과 유익, 그리고 모순과 난제』
앤드루 윌슨, 124*182, 120쪽
이 책은 성경에 관한 책이고, 예수님을 출발점으로 삼는다. 저자는 성경의 일관성(정합성), 권위, 영감, 중심(그리스도), 정경, 성취, 명확성, 충분성 등을 뛰어난 문체로 설명한다. 이는 성경을 하나님의 말씀이라고 정의할 때 사람들이 가질 수 있는 의문과 반대 의견을 다루기 위한 틀이 되기도 한다.

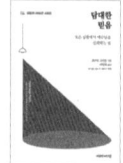

『담대한 믿음: 모든 상황에서 예수님을 신뢰하는 법』
조너선 스티븐, 124*182, 72쪽
두려움을 해결하는 방법은 예수님이 어떤 분인지를 알고 그분을 온전히 믿는 것이다. 이 책은 마태복음 8장에서 예수님이 폭풍을 잠잠하게 하신 사건을 극적으로 재현하고, 마태복음 17장에서 예수님이 말씀하신 '겨자씨 믿음'을 설명하면서, 우리가 예수님의 제자로서 담대한 믿음을 가질 수 있도록 안내한다.